Die Saft-Bar

Die Saft-Bar

85 gesunde Rezepte

Sara Lewis

LOVE FOOD™

This Edition published by Parragon Books Ltd

Love Food® is an imprint of Parragon Books Ltd

Parragon Books Ltd
Chartist House
15–17 Trim Street
Bath BA1 1HA, UK
www.parragon.de

Entwurf und Realisation: Pene Parker und Becca Spry
Autorin und Food-Styling: Sara Lewis
Fotografien: Haraala Hamilton

Realisation der deutschen Ausgabe:
trans texas publishing services GmbH, Köln
Übersetzung: Susanne Schmidt-Wussow, Berlin

ISBN 978-1-4723-4098-6

Printed in China

Hinweis
Ein Esslöffel entspricht 15 ml, ein Teelöffel entspricht 5 ml. Sofern nicht anderes angegeben, wird vollfette Milch (3,5%) verwendet. Bei einzelnen Obst- und Gemüsesorten werden stets mittelgroße Exemplare verwendet, Eier haben die Größe M. Mit Pfeffer ist stets frisch gemahlener schwarzer Pfeffer aus der Mühle gemeint.

Die Informationen in diesem Buch verstehen sich nicht als Ersatz für den Rat eines Arztes. Wer krank ist oder gesundheitliche Hilfe benötigt, sollte unbedingt den Rat eines Arztes einholen. Der Verlag schließt hiermit im Rahmen der gesetzlichen Bestimmungen jegliche Haftung für Schäden aller Art aus, die durch die Verwendung dieses Buches geschehen.

Schwangere und stillende Frauen sollten auf Erdnüsse und Erdnussprodukte verzichten. Allergiker sollten darauf achten, dass manche Fertigprodukte Nüsse enthalten können. Bitte lesen Sie immer die Packungsaufschrift.

Die Autorin bedankt sich bei John Lewis für die Leihgabe des Vitamix.

Die Saftbar

Ein Entsafter kann Ihnen helfen, gesünder zu leben. Im Alltag sind wir umgeben von ungesunden Lebensmitteln wie süßen Keksen, Chips mit zu viel Salz und Fett sowie Fertiggerichten. Zudem eröffnet täglich ein neues Fast-Food-Restaurant. So ist es auch kein Wunder, dass immer mehr Menschen mit Fettleibigkeit, Diabetes, Herzerkrankungen, Lebensmittelallergien, Verdauungsproblemen, Asthma und Ekzemen zu kämpfen haben. Unsere Gesundheit ist unbezahlbar – warum vergiften wir unseren Körper dennoch mit wertlosen Nahrungsmitteln? Dieses Buch hilft Ihnen, sich Schritt für Schritt gesund zu ernähren . Ein köstlicher Saft oder Smoothie pro Tag liefert Energie, Vitamine und Mineralien, lässt Augen, Haut und Haare glänzen und sorgt für bessere Laune und mehr Wohlbefinden.

Gut für die Gesundheit

Gesundheitsexperten empfehlen fünf Portionen (à 80 g) Obst und Gemüse pro Tag, was etwa einem Drittel unserer täglichen Nahrungsaufnahme entsprechen sollte. Doch die meisten essen eher drei Portionen, nur etwa 15 Prozent von uns kommen auf fünf. Wer viel Obst und Gemüse isst, hat ein geringeres Risiko für hohen Blutdruck, Herzerkrankungen, Schlaganfälle, Fettleibigkeit und bestimmte Krebsarten.

Etwa ein Drittel aller Krebserkrankungen sind vermutlich auf eine schlechte Ernährung zurückzuführen. Zur Vorbeugung steht an oberster Stelle mit dem Rauchen aufzuhören, als Zweites sollte man viel Obst und Gemüse essen. Dadurch verzögert sich das Fortschreiten degenerativer Augenerkrankungen, Asthmasymptome werden gelindert. und die Gesundheit von Knochen und Verdauungstrakt wird verbessert.

Da Säfte aus rohen Zutaten hergestellt werden, enthalten sie viele Nährstoffe. Vitamine und Mineralien sind oft wasserlöslich und gehen beim Kochen in Wasser verloren oder werden durch die Hitze zerstört. Obst und Gemüse in Saftform versorgen den Körper mit Flüssigkeit und liefern leicht verdauliche Nährstoffe.

Frische Säfte und Smoothies schenken Energie und können sportliche Leistungen verbessern. Smoothies geben die Energie langsam an den Körper ab und helfen so, das Auf und Ab im Blutzuckerspiegel zu vermeiden, das oft zu Stimmmungsschwankungen führt.

Abnehmprogramm

Säfte können beim Abnehmen helfen. Ersetzen Sie zum Start einer Diät zunächst die ersten zwei Tage zwei Mahlzeiten pro Tag durch einen Saft, danach eine. Alternativ können Sie auch anstelle eines fett- oder zuckerhaltigen Snacks am Vormittag oder eines Glases Wein am Abend einen kalorienärmeren Saft trinken.

Säfte für die Familie

Säfte tun nicht nur nach einer Krankheit gut, sie steigern auch das Wohlbefinden von kleinen Kindern mit häufigen Erkältungen, Jugendlichen im Kampf mit Hormonen, Prüfungsstress und Pickeln sowie gestressten Eltern und Großeltern. Wenn Sie den Kindern nicht verraten, was so alles in ihrem Saft steckt, werden Sie sich wundern, wie viel Gemüse Sie ihnen ohne Widerspruch verabreichen können. Grünkohl und Brokkoli schmecken mild, vor allem vermischt mit süßen Äpfeln, Ananas, Roter Bete oder Pastinake. Entscheidend ist dabei die richtige Zusammenstellung der Aromen. Es gibt im Wesentlichen drei Arten, Saft herzustellen: im Entsafter, im Mixer oder mit einer Zitruspresse.

Elektrische Entsafter

Moderne Entsafter können viel mehr als in den 1980er-Jahren. Doch Qualität hat ihren Preis, also machen Sie sich vorher schlau und vergleichen Sie die Preise. Wenn das Gerät sehr günstig ist, könnte es zu schwach sein, um guten Saft herzustellen. Auf folgende Kriterien sollten Sie beim Einkauf achten.

Was für Säfte möchten Sie herstellen?

Wenn Sie verschiedene Arten von Obst und Gemüse entsaften möchten, empfiehlt sich ein Zentrifugalentsafter mittlerer Preisklasse. Er hat einen rotierenden Metallkorb mit Zähnchen, in den durch den Stutzen Obst und Gemüse gedrückt wird. Der Saft fließt in eine Kanne und der Abfall wird in einem Tresterbehälter gesammelt.

Wenn Sie selbst gezogenes Weizengras oder grünes Blattgemüse entsaften möchten, ist eine Saftpresse das Richtige. Das fleischwolfähnliche Gerät drückt Obst und Gemüse mithilfe einer rotierenden Schraube gegen einen Edelstahlfilter. Das Entsaften dauert länger, die Reinigung ist knifflig und die guten Geräte sind meist teuer.

Wie groß ist der Einfüllstutzen? Durch einen großen Stutzen lassen sich Zutaten wie Äpfel, Birnen und Rote Beten im Ganzen entsaften.

Wie viele Geschwindigkeiten gibt es? Am besten sind zwei Geschwindigkeitsstufen: eine niedrige für fleischige Früchte wie Tomaten und eine hohe für harte Sorten wie Äpfel.

Wie sieht der Tresterbehälter aus? Er sollte ausreichend groß sein, damit Sie ihn nicht nach jedem Glas Saft leeren müssen.

Lässt sich das Gerät leicht zusammensetzen? Wenn der Zusammenbau zu kompliziert ist, werden Sie es nur ungern benutzen.

Passt das Gerät in die Spülmaschine? Natürlich sind die abnehmbaren Teile sperrig und der Motorteil muss von Hand gespült werden. Aber wenn Sie morgens schnell einen gesunden Saft trinken möchten, kann Ihnen dieses Kriterium wertvolle Minuten sparen.

Mixer

Die Bandbreite an Geschwindigkeiten, Leistung, Fassungsvermögen und Preisen ist sehr groß. Nur hochwertige Modelle zerkleinern Eis, deshalb sollten Sie sich die Herstellerinfos genau durchlesen. Insbesondere, wenn Sie keine Stückchen im Saft mögen, sollten Sie sich ein leistungsstarkes Modell anschaffen.

Bei einfachen Geräten müssen Sie Obst und Gemüse vorher zerkleinern, vor allem Ananas und Grapefruits. Geben Sie erst nur ein paar Stücke in den Mixer und füllen Sie den Rest bei laufendem Motor durch die Einfüllöffnung nach. Eis am besten vorher zerstoßen oder Eiswürfel in den fertigen Saft rühren.

Kleine Standmixer sind ideal für den schnellen Saft zwischendurch. Wenn Sie die Klingen abschrauben, müssen Sie den Saft nicht einmal in ein Glas umfüllen.

Im Mixer müssen Sie Extraflüssigkeit in Form von kaltem Wasser, Reis-, Mandel- oder Sojamilch, Joghurt oder Saft dazugeben. Auch in der Küchenmaschine lassen sich so leckere Säfte herstellen, aber wegen des oft großen Behälters sind sie für Einzelportionen weniger gut geeignet.

Stabmixer

Auch mit Stabmixern lassen sich gemischte Säfte herstellen, sie eignen sich jedoch nicht für harte Zutaten wie Äpfel und Wurzelgemüse. Sie können diese Zutaten jedoch erst entsaften und den so gewonnenen Saft dann vor dem Zerkleinern mit dem Stabmixer zu weicheren Zutaten wie Beeren und Trauben hinzufügen.

Zitruspresse

Um gelegentlich eine Orange oder Zitrone auszupressen, reicht eine Zitruspresse aus schwerem Glas, Porzellan oder Edelstahl. Wählen Sie eine mit Kernsammler und tiefer Rinne oder einem Saftbehälter. Hobbyköche benutzen gern einen hölzernen Entsafter, wobei Sie eine Schüssel für den Saft bereitstellen müssen. Bei den freistehenden, verchromten Zitruspressen drückt ein Hebel die Frucht auf den Kegel, während der Saft in einen Chrombehälter abläuft. Zu einigen Küchenmaschinen gehört auch eine Zitruspresse, doch wenn Sie mehr als ein Glas Saft auspressen möchten, kann sich die Anschaffung einer elektrischen Presse lohnen.

Weiteres Zubehör

Gemüsebürste oder neue Nagelbürste zum Schrubben von Früchten mit essbarer Schale.

Schneidebrett, scharfes Messer und Sparschäler

Eiswürfelformen für leckere, fruchtige Säfte. Viele Säfte schmecken nur gekühlt und sind erst mit Eis eine richtige Erfrischung. Sie können die Eiswürfelformen auch zum Einfrieren von Saft nutzen.

Wahl von Obst und Gemüse

Daumenregel: Wenn das Obst oder Gemüse nicht mehr appetitlich aussieht, sollte man es auch nicht entsaften. Eine braunfleckige Banane oder eine angestoßene Birne in einem Saft aufzubrauchen, ist also keine gute Idee.

Das Auge trinkt mit

Zitrusscheibe – Orangen-, Zitronen- oder Limettenscheibe, bis zur Mitte einschneiden und verdreht auf den Glasrand stecken.

Korkenzieher – Einen langen Streifen Schale von einer Orange, Zitrone oder Limette schneiden. Den Streifen fest um einen Spieß wickeln, eine Minute halten, abstreifen und die so entstandene Spirale über dem Glas drapieren.

Zucchini- oder Karottenstreifen mit dem Sparschäler abschälen. An den Enden einen Holzspieß durchstecken oder fest aufrollen.

Rührstäbe – nutzen Sie Zimtstangen, Zitronengrasstängel oder Selleriestangen zum Rühren.

Minispieße – Einige Obststücke auf einen Cocktailspieß stecken und über das Glas legen.

Salz-/ Zuckerrand – Glasrand in Zitronensaft tauchen und dann in Salz oder Zucker wälzen.

Richtig Entsaften

Obst und Gemüse vorbereiten und in den Entsafter geben. Einfacher geht's nicht! Zusätzliches Wasser ist nicht unbedingt nötig, Sie können den Saft aber je nach Wetter, Durstgrad und Saftkonzentration auch verdünnen.

Wurzelgemüse

Süßkartoffeln, Rote Beten, Karotten und Pastinaken nicht schälen, nur die Enden abschneiden und gut abschrubben. Auch frischer Ingwer kann mit Schale verwertet werden. Je nach Größe des Einfüllstutzens das Gemüse eventuell klein schneiden.

Weizengras

Weizengras am besten mit der Saftpresse entsaften. Sie sollten aber nicht zu viel auf einmal trinken. Pur genossen, reichen 3 Esslöffel. Oder rühren Sie 1 Teelöffel pulverisiertes Weizengras in Ihren Saft. Das Pulver enthält nicht so viele Nährstoffe, ist aber einfacher in der Anwendung.

Melonen

Die harte Schale vorher entfernen. Um die Kerne brauchen Sie sich nicht zu kümmern, die entfernt der Entsafter im Handumdrehen.

Zitrusfrüchte

Die äußere Schale entfernen und einen Teil der weißen Haut stehen lassen, da sie wertvolle Nährstoffe enthält. (Bei Zitronen und Limetten können Sie für ein kräftiges Zitrusaroma einen Teil der Schale stehen lassen, aber nicht bei Orangen oder Grapefruits.) Wenn der Saft dünner werden soll, pressen Sie die Frucht aus und geben Sie nur den Saft dazu.

Ananas und Kiwis

Von der Ananas die Schale entfernen, Augen und Strunk können bleiben. Kiwis müssen Sie nicht schälen, ohne Schale bekommt der Saft aber eine leuchtendere Farbe.

Am besten im Mixer

Der Mixer eignet sich optimal für weichere Obst- und Gemüsesorten. Avocados, Tomaten, Bananen, saftige Beeren und kernlose Trauben lassen sich blitzschnell in herrliche Säfte verwandeln. Sie müssen allerdings Joghurt, ungesüßte Soja-, Mandel- oder Reismilch oder einen Schuss kaltes Wasser dazugeben, damit die Klingen gut schneiden können.

Obst und Gemüse wie für einen Salat zubereiten: Kerne und Steine entfernen, dunkelgrüne, pelzige oder harte Schalen entfernen. Zitrusfrüchte schälen, jedoch etwas weiße Haut für eine cremige Konsistenz stehen lassen. Tomaten brauchen nicht gehäutet zu werden. Härtere Sorten wie Ananas schälen und in kleine Stücke schneiden (der Strunk braucht nicht entfernt zu werden). Wurzelgemüse, Rotkohl, Äpfel und Birnen sind zu hart für den Mixer und können erst in Saftform (Entsafter) mit weicherem Obst und Gemüse gemischt werden. Samen und Körner am besten erst im Mixer fein pulverisieren und dann in den Saft rühren.

Weiches Gemüse und Kräuter

Weiches Gemüse wie Salat, Brokkoliröschen, Kohl, Stangensellerie, Zucchini, Gurken, Grünkohl, Tomaten und Paprika sowie Kräuter sollten möglichst mit härteren Gemüse- oder Obstsorten verarbeitet werden.

Papayas

Papayas halbieren und die Samen herauslöffeln. Das Fleisch in dünnen Scheiben von der Schale schneiden. Liefern wenig Saft.

Äpfel & Birnen

Äpfel und Birnen gründlich waschen und im Ganzen entsaften oder halbieren, wenn sie für den Einfüllstutzen zu groß sind.

Mangos

An beiden Enden das Stück bis zum großen, flachen Stein abschneiden. Um den Stein herum das Fleisch abschneiden und von der Schale kratzen. Mangos liefern nicht viel Saft, daher am besten mit Melone, Apfel oder Ananas mischen.

Kickstart

Müsli-Motivation

Dieser erfrischende und beschwingende Smoothie gibt ein köstliches, energiereiches Frühstück ab. Dank dem natürlichen Fruchtzucker und den langsam ins Blut gehenden Kohlenhydraten aus der Grapefruitschale, den Haferflocken und den Mandeln sättigt er bis zum Mittag.

Für 1 Person

* 20 g Haferflocken
* 30 g Mandelblättchen
* ½ rosa Grapefruit, komplette Schale und etwas weiße Haut entfernt, entkernt und grob gehackt
* 150 g Himbeeren
* 2 Orangen, Saft ausgepresst
* 125 ml kaltes Wasser

Zubereitung

Haferflocken und Mandelblättchen im Mixer fein mahlen. Grapefruit, Himbeeren, Orangensaft und Wasser zufügen und alles zu einem glatten Saft mixen. In ein Glas gießen und sofort servieren.

Nussig und gesund

1–2 Esslöffel Mandeln im Smoothie sorgen für eine Extraportion Vitamin E, B und Eiweiß, was besonders für Vegetarier hilfreich ist. Haferflocken enthalten lösliche Ballaststoffe, die zusammen mit der weißen Grapefruitschale die Verdauung anregen und den Cholesterinspiegel senken.

So wird's perfekt!

Schneiden Sie die Grapefruit in kleine Stücke, bevor Sie sie in den Mixer geben. So wird der Saft schön glatt.

Nährstoff-Extras

Obst und Gemüse stecken jede Menge Nährstoffe – aber mit Kernen, Körnern oder Nüssen vermischt wird aus jedem Saft oder Smoothie eine Eiweißbombe oder ein Powersnack voller Vitamine und Mineralien.

Nüsse

Schon ein Esslöffel Nüsse im Saft liefert eine Extraportion Eiweiß. Nüsse im Mixer mahlen, Früchte zugeben und zusammen verarbeiten oder gemahlen luftdicht im Kühlschrank aufbewahren und bei Bedarf in den Saft rühren. Nüsse enthalten viel Fett und damit viele Kalorien, aber auch essenzielle Fettsäuren und viel Vitamin E. Sie liefern die meisten B-Vitamine sowie zahlreiche Mineralien.

Weizenkeime

Der Weizenkeim ist der winzige Teil eines Weizenkorns, aus dem die Pflanze wächst. Nicht zu verwechseln mit Weizenkleie, dem äußeren, faserreichen Teil des Korns. Weizenkeime enthalten viel Eiweiß für die Muskeln, Vitamin E für das Immunsystem und gesunde Haut, Omega-3-Fettsäuren, Zink, Magnesium, B-Vitamine und Ballaststoffe. Sie sind in Flockenform erhältlich.

Haferflocken

Haferflocken sind eine gute Energiequelle. Ihre komplexen Kohlenhydrate werden langsam verdaut und halten den Blutzuckerspiegel konstant. Die löslichen Ballaststoffe senken den Cholesterinspiegel. Haferflocken sind fettarm und eine gute Proteinquelle und können im Mixer gemahlen, mit Obst und Gemüse verarbeitet oder in frische Säfte gerührt werden. Das enthaltene glutenähnliche Avenin wird von Menschen mit Glutenintoleranz nicht vertragen.

Sesamsaat, Sonnenblumen- & Kürbiskerne

Diese Kerne enthalten Eiweiß, B-Vitamine, Vitamin E und Ballaststoffe. Ein Esslöffel kann je nach Samenart bis zu 100 Kalorien enthalten und sie verleihen dem Saft damit eine Extraportion Energie. Außerdem enthalten sie die gesunden einfach gesättigten Fettsäuren.

Die Azteken glaubten, dass ein Esslöffel Chiasamen einen Krieger 24 Stunden lang versorgte.

Chiasamen

Chiasamen sind hier erst seit kurzem bekannt. Schon 2 Esslöffel werten einen Saft durch Eiweiß, Ballaststoffe, Omega-3- und Omega-6-Fettsäuren auf, ganz zu schweigen von Kalzium, Eisen, Kupfer und Zink. Dank des schwachen Aromas schmeckt man sie nicht heraus. In Verbindung mit Flüssigkeit bilden sie ein Gel und machen lange satt.

Leinsamen & Hanfsamen

Gelber oder brauner Leinsamen ist reich an B-Vitaminen, Magnesium, Mangan sowie Omega-3- und Omega-6-Fettsäuren. Außerdem enthält er viele Ballaststoffe und sekundäre Pflanzenstoffe, zum Beispiel Antioxidantien (im Öl nicht enthalten). Hanfsamen sind die einzigen Samen, die alle essenziellen Aminosäuren enthalten. Sie sind daher eine hervorragende Eiweißquelle.

Rote-Bete-Energiekick

Dieser kräftige, leuchtend rote Saft strotzt nur so vor Aromen und energiereichen Nährstoffen, die Sie morgens in Schwung bringen.

Für 1 Person

* 2 Rote Beten, halbiert
* 2 große Karotten, halbiert
* 2 Selleriestangen, halbiert
* 5-cm-Stück Gurke
* 2 rote Äpfel, halbiert
* 30 g Walnusskerne, fein gemahlen
* 1 kleine Handvoll Eis, nach Belieben

Zubereitung

Von einer Betehälfte zwei dünne Scheiben schneiden und beiseitelegen. Erst Beten und Karotten, dann Sellerie, Gurke, anschließend die Äpfel entsaften. Gemahlene Walnüsse unterrühren. Ein Glas zur Hälfte mit Eis füllen, falls verwendet, und mit Saft aufgießen. Die Betescheiben auf einen Cocktailstab stecken, aufs Glas legen und sofort servieren.

Süße Bete

Rote Bete gehört zu den Gemüsesorten mit dem höchsten Zuckergehalt – eine Portion von 115 g entspricht 1 Teelöffel Fruchtzucker. Rote-Bete-Saft ist daher ein idealer Energielieferant. Außerdem enthalten die Beten Folsäure, Vitamin C und Kalium, die Blutdruck und Nervenfunktionen regulieren.

Gute-Laune-Drink

Dieser herzhafte Saft kurbelt dank der Vitamin-C-reichen Beeren schon zum Frühstück das Immunsystem an.

Für 1 Person

- 1 Birne, halbiert
- 150 g Heidelbeeren
- 100 g Sojajoghurt
- ½ TL Agavensirup
- 1 TL Mandelblättchen, geröstet

Zubereitung

Die Birne entsaften. Den Saft in einen Mixer gießen, die Heidelbeeren zufügen und pürieren. Mit Joghurt und Agavensirup glatt rühren. In ein Glas gießen und mit Mandelblättchen bestreut servieren.

Agavensirup

Die Agave ist mit der Yuccapalme und der Lilie verwandt und wächst im Süden und Westen der USA sowie im tropischen Südamerika. Der daraus gewonnene Agavensirup wird zum Süßen verwendet. Viele halten ihn für gesünder als Zucker, da er im Vergleich zu anderen Süßungsmitteln einen niedrigen glykämischen Index hat, sodass es nach dem Verzehr nicht zu einem plötzlichen Anstieg oder Abfall des Blutzuckerspiegels kommt.

Gesundheit!

Unser Körper braucht das in Mandeln und Sojajoghurt enthaltene Eiweiß für das Wachstum von Muskeln und Knochen sowie Haaren und Fingernägeln. Einige Sojajoghurts enthalten zusätzlich Kalzium und Vitamin D. Dieser Frühstücksdrink liefert außerdem die Mineralstoffe Phosphor, Magnesium und Zink, die wichtig für Knochen und Zähne sind.

Beeriger Kickstart

Dieser belebende, appetitliche Smoothie ist ein köstlicher und gesunder Start in den Tag.

Für 1 Person

- 175 g Heidelbeeren
- 115 g Cranberries
- 150 g Naturjoghurt
- 2 TL flüssiger Honig
- 4 EL kaltes Wasser

Zubereitung

Heidelbeeren und Cranberries im Mixer glatt pürieren. Joghurt, Honig und Wasser zufügen und untermixen. In ein Glas gießen und sofort servieren.

Weder Honig noch Zucker?

Honig liefert Energie in Form von einfachen Kohlenhydraten, nämlich Fruktose und Glukose. Je klarer der Honig ist, desto höher der Fruktosegehalt. Süße Nahrungsmittel regen das Hirn an, das körpereigene Schmerzmittel Endorphin zu produzieren. Honig lässt sich durch Agavensirup, Naturreissirup und Dattelsirup ersetzen. Agavensirup ist süßer als Honig. Naturreissirup hat ein mildes Karamellaroma und sieht aus wie Ahornsirup. Dattelsirup ist ein dickes, konzentriertes Püree aus gekochten Datteln und lässt sich leicht selbst herstellen: Datteln mit etwas Wasser, Zimt und Vanille sanft köcheln lassen, dann pürieren und im Kühlschrank aufbewahren.

Superfood: Heidelbeere

Heidelbeeren enthalten mehr Antioxidantien als viele andere Obst- und Gemüsesorten. Diese sogenannten Flavonoide binden schädliche freie Radikale und tragen zum Schutz vor vorzeitiger Alterung, Herzerkrankungen, Krebs und degenerativen Erkrankungen bei. Etwa vierzig Heidelbeeren (80 g) enthalten siebeneinhalbmal mehr aktive Antioxidantien als eine kleine Banane. Außerdem enthalten sie Vitamin C, das unser Körper täglich braucht, natürlichen Fruchtzucker für die Energiezufuhr und Pektin, das den Cholesterinspiegel senkt und entzündungshemmend wirkt.

Erdbeer-Granatapfel-Saft

Der Granatapfel gehört zu den ältesten Kulturfrüchten und galt einst als Symbol für Gesundheit, Fruchtbarkeit und ewiges Leben. Dieser Saft mag kein ewiges Leben verleihen, liefert aber immerhin einen kräftigen Vitaminstoß, um Sie gegen die Belastungen des Alltags zu wappnen.

Für 1 Person

- 225 g Erdbeeren, entstielt
- ½ großer Granatapfel, nur die Samen
- 2 Äpfel, halbiert
- 1 kleine Handvoll zerstoßenes Eis (nach Belieben)

Zubereitung

Erdbeeren, Granatapfelsamen und Äpfel entsaften. Ein Glas zur Hälfte mit zerstoßenem Eis füllen, falls verwendet. Mit dem Saft aufgießen und sofort servieren.

Äpfel für die Konzentration

Nach einer Phase großer Konzentration sinkt der Energiespiegel. Äpfel enthalten Zuckerarten, die langsamer aufgenommen werden als der Zucker in den fertigen glukosereichen Energydrinks.

Grüner Morgen

Für einen sanften Start in den Tag sorgt dieser köstliche, samtige, beruhigende Saft – wie eine Umarmung von innen. Er sieht genauso gut aus, wie er schmeckt, und steckt voller Vitamin A, B, C und E sowie Eisen und Kalium.

Für 1 Person

- 1 Apfel, halbiert
- 30 g Grünkohl
- 2 Kiwis, geschält
- 2 Stängel glatte Petersilie
- ½ Avocado, entkernt und das Fleisch aus der Schale gelöst
- 4 EL kaltes Wasser
- 1 kleine Handvoll zerstoßenes Eis

Zubereitung

Erst den Apfel, dann Grünkohl und Kiwis entsaften. Den Saft in einen Mixer gießen, Petersilie und Avodado dazugeben und alles zerkleinern. Wasser und zerstoßenes Eis in den Mixer geben und zu einer glatten Mischung verarbeiten. In ein Glas gießen und sofort servieren.

Grüner Morgen
Seite 29
Erdbeer-Granatapfel-Saft
Seite 28

Achtung, fertig und los!

Das Frühstück ist die wichtigste Mahlzeit des Tages, und dieser köstliche Shake enthält viele wichtige Nährstoffe. Er ist blitzschnell zubereitet und sättigt ohne unangenehmes Völlegefühl.

Für 1 Person

* 20 g Kürbiskerne
* 20 g Leinsamen
* 20 g Mandelblättchen
* 125 g Himbeeren
* 125 g Heidelbeeren
* 225 g Vanille-Sojajoghurt
* 125 ml kaltes Wasser

Zubereitung

Kürbiskerne, Leinsamen und Mandelblättchen im Mixer fein mahlen. Himbeeren, Heidelbeeren, Joghurt und Wasser zufügen und zu einer glatten Mischung verarbeiten. In ein Glas gießen und servieren.

Bananen-Quickies

Schnelles Frühstück gefällig? Probieren Sie mal einen Bananen-Energydrink. Blitzschnell zubereitet und sehr gesund!

1 Banane & Heidelbeeren

- 1 Banane, geschält und grob gehackt
- 125 g Heidelbeeren
- 125 ml ungesüßte Reismilch
- 1 kleine Handvoll zerstoßenes Eis

2 Banane & Kiwi

- 1 Banane, geschält und grob gehackt
- 2 Kiwis, geschält und grob gehackt
- 125 ml ungesüßte Reismilch
- 1 kleine Handvoll zerstoßenes Eis

3 Banane & Mango

- 1 Banane, geschält und grob gehackt
- ½ Mango, entsteint, geschält, und grob gehackt
- 125 ml ungesüßte Reismilch
- 1 kleine Handvoll zerstoßenes Eis

Für 1 Person

Für alle Säfte gilt: jeweils alle Zutaten in einen Mixer geben und glatt pürieren. In ein Glas gießen und sofort servieren.

Glück ist ... eine Banane!

Fühlen Sie sich niedergeschlagen? Vergessen Sie die Schokolade und essen Sie stattdessen eine Banane! Als einzige Frucht enthält sie die Aminosäure Tryptophan und Vitamin B6, die den Körper anregen, den natürlichen Stimmungsaufheller Serotonin zu produzieren. Dank ihres hohen Gehalts an Fruchtzucker und Stärke liefern Bananen schnelle Energie und zudem noch eine Menge Kalium. Sie helfen bei der Regulierung des Blutdrucks und senken das Risiko für Herzinfarkte und Schlaganfälle sowie für Krebs.

Brombeer-Bombe

Bei diesem milchfreien Saft mit Zimtaroma wird jeder Morgenmuffel zum strahlenden Frühaufsteher. Der Saft strotzt nur so vor Vitaminen und Mineralstoffen und versorgt sie bis zum Mittag mit Energie.

Für 1 Person

- 3 große rote Pflaumen, halbiert und entsteint
- 40 g roter Grünkohl
- 1 Birne, halbiert
- 125 g Brombeeren
- 20 g Weizenkeime
- 1 Prise Zimt (nach Belieben)
- 1 kleine Handvoll zerstoßenes Eis
- 4–6 EL kaltes Wasser

Zubereitung

Pflaumen, Grünkohl und Birne in dieser Reihenfolge entsaften. Den Saft in einen Mixer gießen. Brombeeren, bis auf eine, Weizenkeime, Zimt, falls verwendet, und Eis zufügen und zu einer glatten Mischung verarbeiten. Wasser nach Geschmack zugießen und untermixen. In ein Glas geben. Die aufbewahrte Brombeere auf einen Cocktailstab stecken, ins Glas stellen und sofort servieren.

Brombeeren: natürliches Aspirin

Brombeeren sind eine gute Quelle für Vitamin C, Folsäure und Ballaststoffe. Sie enthalten aber auch Salicylat, eine Aspirin-ähliche Verbindung. Daher sollten Aspirinallergiker diese Frucht meiden.

Gemüse-Muntermacher

Dieser frische Orangen-Tomaten-Trunk aktiviert den Körper und stimuliert das Verdauungssystem. Der Chili sorgt für den Extrapep und macht müde Morgenmuffel munter.

Für 1 Person

- 3 Orangen, komplette Schale und etwas weiße Haut entfernt, und entkernt
- 1 Karotte, halbiert
- 2 Tomaten, grob gehackt
- 125 ml kaltes Wasser
- 1 kleiner grüner Chili, halbiert
- 2 Selleriestangen, in dicke Scheiben geschnitten
- 2 TL Hanfsamenöl

Zubereitung

2 Orangen halbieren und mit der Karotte entsaften. Den Saft in einen Mixer gießen. Die dritte Orange grob hacken, die Kerne entfernen und das Fruchtfleisch mit Tomaten und Wasser in den Mixer geben. Alles zu einer glatten Mischung verarbeiten. Chili und Sellerie zufügen und untermixen. In ein Glas gießen, das Hanfsamenöl unterrühren und servieren.

Ein Hoch auf Hanfsamenöl

Hanfsamenöl enthält Omega-3- und Omega-6-Fettsäuren in einem ausgewogenen Verhältnis. Studien zufolge spielt dieses Verhältnis eine große Rolle, wenn wir gesund bleiben und Krankheiten vorbeugen wollen.

Karotten-Passionsfrucht-Saft

Achtung, jetzt wird's fruchtig! Das zarte Aroma der Passionsfruchtsamen verleiht diesem einfachen Saft im Handumdrehen einen Hauch von Luxus. Ursprünglich hieß die Frucht übrigens Grenadille, wurde aber von katholischen Missionaren umbenannt, die eine Ähnlichkeit zwischen ihrer Blüte und der Dornenkrone auf dem Kopf von Jesus erkannten.

Für 1 Person

- 3 große Karotten, halbiert
- 2 Passionsfrüchte, die Samen herausgekratzt
- 1-cm-Stück frischer Ingwer
- 2 Äpfel, halbiert
- 2 TL Weizenkeimöl
- 1 kleine Handvoll Eis (nach Belieben)

Zubereitung

Karotten, Passionsfruchtsamen, Ingwer und Äpfel nacheinander entsaften. Das Öl unterrühren. Ein Glas zur Hälfte mit Eis füllen (falls verwendet), mit dem Saft aufgießen und sofort servieren.

Passionsfrüchte

Je runzliger eine Passionsfrucht ist, desto süßer ist ihr Fleisch. Jede Frucht enthält bis zu 250 Samen, eingebettet in saftigem, aromatischem süßsaurem Fruchtfleisch, das reich an Kalzium, Eisen und den Vitaminen A und C ist.

Pfirsich-Booster

Süßkartoffeln harmonieren wunderbar mit der Süße der Pfirsiche und dem feurigen Ingweraroma. Dieser Saft wirkt im Handumdrehen gegen Antriebslosigkeit am Morgen!

Für 1 Person

- 1 Süßkartoffel, geviertelt
- 1-cm-Stück frischer Ingwer
- 3 Karotten, halbiert
- 3 Pfirsiche, halbiert und entsteint
- 1 kleine Handvoll Eis, nach Belieben
- 1 Prise Lebkuchengewürz (nach Belieben), zum Servieren

Zubereitung

Süßkartoffel und Ingwer, die Karotten und anschließend die Pfirsiche entsaften. Ein Glas zur Hälfte mit Eis füllen, falls verwendet, und mit Saft aufgießen.Nach Belieben mit Lebkuchengewürz bestreuen und sofort servieren.

Pfirsich-
Booster
Seite 39
Karotten-
Passionsfrucht-
Saft
Seite 38

Tropischer Sonnenaufgang

Tropenfrüchte bringen Sonne in den trüben Morgen, Chiasamen sorgen für eine Extraportion Nährstoffe. Wenn es schnell gehen muss, füllen Sie den Saft in einen Thermobecher und trinken Sie ihn anstelle von koffeinhaltigem Tee oder Kaffee auf dem Weg zur Arbeit!

Für 1 Person

- 20 g Goji-Beeren
- 15 g Chiasamen (siehe Seite 19)
- ½ Papaya, geschält, entkernt und grob gehackt
- ¼ Ananas, geschält und grob gehackt
- ½ Limette, Schale und Teil der weißen Schale entfernt, entkernt und grob gehackt
- 225 ml kaltes Wasser
- 1 Handvoll zerstoßenes Eis (nach Belieben)

Zubereitung

Goji-Beeren und Chiasamen im Mixer fein pürieren. Papaya, Ananas, Limette und Wasser zufügen und alles zu einer glatten Mischung verarbeiten. Zerstoßenes Eis, falls verwendet, zugeben und untermixen. In ein Glas gießen und sofort servieren.

Magischer Mangodrink

Ein köstlicher Smoothie voller Antioxidantien, die das Herz schützen und gegen Krebs wirken, plus Vitamin B und C. Mangos, Orangen und Granatapfelsamen sind gute Quellen für Kalium, das für die Blutdruckregulierung verantwortlich ist.

Für 1 Person

- ½ Granatapfel, nur die Samen
- 1 Mango, entsteint, geschält und grob gehackt
- 1 Orange, komplette Schale und etwas weiße Haut entfernt, entkernt und grob gehackt

Zubereitung

1 Esslöffel Granatapfelsamen beiseitelegen. Den Rest in einen Mixer geben, zerkleinern und in ein Glas gießen. Mango und Orange in den Mixer geben und zu einer glatten Mischung verarbeiten. Auf den Granatapfelsaft geben, mit den restlichen Granatapfelsamen bestreuen und servieren.

Granatapfel-Power

Es lohnt sich, die Granatapfelsamen aus der Frucht zu drücken: Sie sind reich an Nährstoffen und enthalten große Mengen an Flavonoiden und Polyphenolen. Diese wirkungsvollen Antioxidantien schützen gegen Herzerkrankungen und Krebs. Untersuchungen zufolge enthält ein Glas Granatapfelsaft mehr Antioxidantien als Rotwein, grüner Tee, Heidelbeeren und Cranberries.

Roter Riese

Dieser unwiderstehlich frische und appetitliche Saft sorgt für einen famos-fruchtigen Start in den Tag!

Für 1 Person

- 1 Apfel, halbiert
- 350 g Kirschen, entsteint
- 100 g rote Trauben
- ½ Limette, Schale und einen Teil der weißen Schale entfernt
- 2 EL Sojajoghurt
- 1 Limettenspalte, zum Servieren

Zubereitung

Apfel, Kirschen, Trauben und Limette in dieser Reihenfolge entsaften. Den Joghurt mit einem Schneebesen einrühren. In ein Glas gießen und mit der Limettenspalte servieren.

Praktisches Helferlein

Ein Kirschentsteiner ist klein und nimmt nicht viel Platz weg – und er macht das Entsteinen der Kirschen zum Kinderspiel!

Durstlöscher

Kinderspiel!

Bringen Sie Ihren Kindern schon in jungen Jahren mit diesen Säften bei, wie man sich gesund ernährt. Die Orangen werden jeweils vorher ausgepresst, damit die Säfte keine Stückchen enthalten.

1

Erdbeere & Banane

* 150 g Erdbeeren, entstielt
* 1 Banane, geschält und grob gehackt
* ½ Orange, Saft ausgepresst
* 1 Handvoll zerstoßenes Eis
* kaltes Wasser, nach Geschmack

Für 1 Person

Für jeden Saft gilt: Jeweils alle Früchte und Säfte in einen Mixer geben. Zu einer glatten Mischung verarbeiten. Das zerstoßene Eis untermixen. In ein Glas gießen und nach Geschmack mit Wasser auffüllen. Sofort servieren.

Ernährung im Kindesalter

Kinder brauchen Nährstoffe, um ihr Energieniveau zu halten, und gute Fette aus Milchprodukten wegen der fettlöslichen Vitamine für gesunde Knochen und Zähne. Ballaststoffe sind auch wichtig, aber nicht zu viele, sonst ist der kleine Bauch voll, bevor genügend Eiweiß, Vitamine und Mineralstoffe aufgenommen wurden.

2

Avocado & Trauben

* ½ Avocado, entkernt und das Fleisch aus der Schale gelöst
* 125 g grüne kernlose Trauben
* ½ Orange, Saft ausgepresst
* 1 Handvoll zerstoßenes Eis
* kaltes Wasser, nach Geschmack

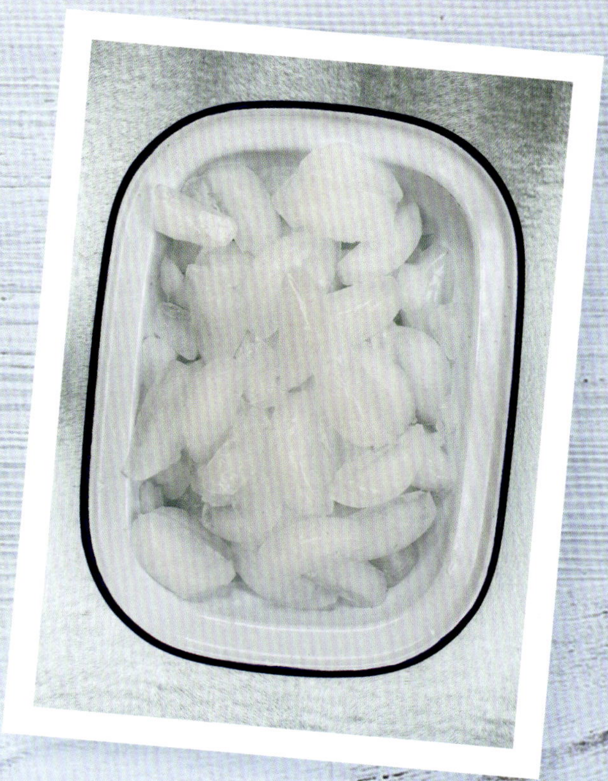

Der richtige Mixer

Die meisten Kinder mögen keine Stückchen, deshalb sollten Sie einen möglichst leistungsstarken Mixer kaufen.

Vorteile von Säften

Mit Obst- und Gemüsesäften lassen sich unbemerkt viele Nährstoffe in den Speiseplan des Kindes einschleusen. Kombiniert mit einem Sandwich wird daraus ein gesundes Mittagessen.

3

Karotte & Papaya

* ½ Papaya, geschält, entkernt und grob gehackt
* ½ Orange, Saft ausgepresst
* 2 Karotten, entsaftet
* 1 Handvoll zerstoßenes Eis
* kaltes Wasser, nach Geschmack

Erfrischender Tomatensaft

Der Geschmack dieses erfrischenden Saftes hängt von der Qualität der Tomaten ab: Selbst gezogene und frisch gepflückte Tomaten wären ideal, ansonsten nehmen Sie große, tiefrote Strauchtomaten.

Für 1 Person

- 2 Karotten, halbiert
- 1 Selleriestange, halbiert
- 2,5-cm-Stück Brokkolistängel
- 1 kleine Handvoll Basilikumblätter
- 4 Tomaten
- 1 kleine Handvoll zerstoßenes Eis (nach Belieben)

Zubereitung

Erst Karotten, dann Sellerie, Brokkoli und einen Großteil Basilikum entsaften. Als letztes die Tomaten entsaften. Ein Glas zur Hälfte mit Eis füllen, falls verwendet, und mit Saft aufgießen. Mit den restlichen Basilikumblättern garnieren und sofort servieren.

Kräuter entsaften

Um möglichst viel Saft aus Kräutern zu gewinnen, sollten sie diese zwischen festeren Obst- oder Gemüsestücken in den Entsafter schieben. So drückt deren Gewicht die Blätter auf die Zentrifuge.

Kiwi-Kühlung

Was für eine Mischung: kühle, leckere Kiwis mit saftreichen grünen Trauben und durstlöschendem Salat.

Für 1 Person

* ½ Romanasalat
* 4 Kiwis, geschält
* 125 g grüne Trauben
* 1 große Birne, halbiert
* 1 kleine Handvoll Eis (nach Belieben), zum Servieren

Zubereitung

Ein Salatblatt entfernen und beiseitelegen. Erst Kiwis und Trauben, dann Salat und Birne entsaften. Ein Glas zur Hälfte mit Eis füllen, falls verwendet, und mit dem Saft aufgießen. Mit dem aufgehobenen Salatblatt dekorieren und sofort servieren.

Superfood: Kiwi

Eine einzige Kiwi enthält mehr immunstärkendes Vitamin C als die empfohlene Tagesdosis und so viel Kalium wie eine kleine Banane. Kalium hält den Flüssigkeits- und Elektrolythaushalt im Gleichgewicht. Außerdem haben Kiwis viel Magnesium, das Nerven- und Muskelfunktionen verbessert und Energie zuführt, sowie Zink für gesunde Haare, Haut, Zähne und Nägel. Das in Kiwis enthaltene Antioxidans Lutein scheint gegen Makuladegeneration zu helfen, die Hauptursache für Sehstörungen bei über 50-Jährigen.

Rubinrote Erfrischung

Es gibt nichts Erfrischenderes als eine Gartenerdbeere im Sommer, aber dieser Smoothie kann jederzeit genossen werden. Verwenden Sie außerhalb der Saison einfach Tiefkühl-Erdbeeren, die können Sie gefroren in den Mixer geben und sparen so die Zugabe von Eis.

Für 1 Person

* 1 rosa Grapefruit, komplette Schale und etwas weiße Haut entfernt, entkernt und grob gehackt,
* ¼ Salatgurke, grob gehackt
* 150 g Erdbeeren, entstielt
* 1 Handvoll zerstoßenes Eis (nach Belieben)

Zubereitung

Grapefruit und Gurke im Mixer glatt pürieren. Erdbeeren und zerstoßenes Eis, falls verwendet, zufügen und alles zusammen zerkleinern. In ein Glas gießen und sofort servieren.

Grapefruits: am liebsten rosa

Rosa Grapefruits enthalten das Antioxidans Lycopin, das den Körper gegen einige Krebsarten schützen und das Risiko von Herzerkrankungen verringern soll. Diese Grapefruits sind sehr süß und stecken voller Vitamin C. Auch die Erdbeeren in diesem Smoothie enthalten Antioxidantien und Vitamin C, außerdem Ellagsäure, die gegen die Zersetzung von Kollagen und die Entzündungsreaktion der Haut nach einem Sonnenbrand schützen soll, der auch zu Faltenbildung führt.

Himbeer-Wassermelone-Drink

Wie der Name schon sagt, steckt in der Wassermelone viel Wasser. Welche bessere Methode könnte es also geben, den Körper mit Flüssigkeit zu versorgen, als diesen delikaten Smoothie mit der natürlichen Süße von Himbeeren und einem Hauch Limette?

Für 1 Person

* ¼ kleine Wassermelone, geschält, grob gehackt und entkernt
* ½ Limette, Schale und den Großteil der weißen Schale entfernt, entkernt und grob gehackt
* 125 g Himbeeren
* 1 kleine Handvoll zerstoßenes Eis

Zubereitung

Wassermelone und Limette im Mixer glatt pürieren. Himbeeren und zerstoßenes Eis zufügen und untermixen. In ein Glas gießen und sofort servieren.

Melonensaft mit Minze

Dieser leichte Fruchtsaft ist ein wahrer Durstlöscher. Vergessen Sie die zuckerlastigen Fertig-Sirupgetränke – diese hausgemachte Variante enthält nur vier Zutaten plus Eis und keinerlei Zusätze.

Für 1 Person

- ½ Honigmelone, in dicke Scheiben geschnitten und Schale entfernt
- 5 Stängel frische Minze
- ½ Limette, Schale und Teil der weißen Schale entfernt
- 2,5-cm-Stück Brokkolistängel
- 1 kleine Handvoll zerstoßenes Eis (nach Belieben)

Zubereitung

Erst Melone und Minze, dann Limette und Brokkoli entsaften. Ein Glas zur Hälfte mit zerstoßenem Eis, falls verwendet, füllen, mit Saft aufgießen und sofort servieren.

Gib Brokkoli eine Chance!

Brokkoli enthält viele sekundäre Pflanzenstoffe wie zum Beispiel Indole und Stickstoffverbindungen, die Schäden an der DNA durch krebserregende Substanzen verhindern und so vor Krebs schützen. Außerdem liefert er Vitamin C, Betacarotin, Folsäure, Eisen und Kalium. Der Stiel enthält genauso viele Nährstoffe wie die Röschen, landet aber leider oft im Mülleimer.

Erfrischender Kirschsaft

Frische Kirschen schmecken einfach nach Sommer! Wenn Sie wenig Zeit haben, verwenden Sie entsteinte Tiefkühlkirschen, aber tauen Sie sie vorher in der Mikrowelle auf oder lassen Sie sie eine halbe Stunde in der Küche stehen, um möglichst viel Saft daraus zu gewinnen.

Für 1 Person

* 2 Birnen, halbiert
* 1 EL Chiasamen (siehe Seite 19)
* 175 g Kirschen, entsteint
* 125 ml kaltes Wasser
* 1 kleine Handvoll zerstoßenes Eis (nach Belieben)

Zubereitung

Die Birnen entsaften. Die Chiasamen im Mixer fein mahlen. Birnensaft, Kirschen, Wasser und Eis, falls verwendet, zufügen und zu einer glatten Mischung verarbeiten. In ein Glas gießen und sofort servieren.

Gut Kirschen essen

Kirschen enthalten viele Antioxidantien, von denen man annimmt, dass sie gegen Krebs schützen. Weil sie so reich an Betacarotin und Kalium sind, gelten Kirschen als wirksamster Entzündungshemmer in der Natur. Herber Kirschsaft mit Wasser kann Menschen mit Arthritis und Gicht helfen und soll sogar die Gedächtnisleistung verbessern.

Melonensaft mit Minze

Seite 60

Sommerlicher Mais-Mix

Aus Mais lässt sich ein köstliches, cremiges Getränk herstellen. Mit saftiger gelber Paprika, süßem Apfel und einem Hauch Koriander wird daraus ein überraschender Sommercocktail, der auch den Durstigsten erfrischt.

Für 1 Person

* 1 Maiskolben
* 4 Stängel frischer Koriander
* 1 gelbe Paprika, halbiert
* 1 Apfel, halbiert
* 1 kleine Handvoll Eis (nach Belieben)

Zubereitung

Die Maiskörner vom Kolben schneiden und entsaften. Koriander, Paprika und Apfel in dieser Reihenfolge entsaften. Ein Glas zur Hälfte mit Eis füllen, falls verwendet, mit Saft aufgießen und sofort servieren.

Erfrischender Kirschsaft
Seite 61

Dunkelroter Durstlöscher

Dieser tiefrote Durstlöscher sorgt an heißen Tagen für Abkühlung. Wegen der natürlichen Süße der Roten Bete mögen Kinder ihn überraschenderweise ebenso wie Erwachsene.

Für 1 Person

- 1 Orange, komplette Schale und etwas weiße Haut entfernt und entkernt
- 85 g gekochte Rote Bete
- 3 EL Naturjoghurt
- 75 ml kaltes Wasser

Zubereitung

Eine Orangenspalte herausschneiden, halbieren und beiseitelegen, den Rest grob hacken. Rote Bete und Orange im Mixer glatt pürieren. Joghurt und Wasser zufügen und untermixen. In ein Glas gießen. Orangenstücke auf einen Cocktailstab stecken, über das Glas legen und servieren.

Wasserhaushalt

Unsere Muskeln bestehen zu etwa 70 Prozent aus Wasser, unser Gehirn sogar zu 75 Prozent. Allein durch die Atmung verlieren wir täglich etwa 500 ml Wasser, daher ist es wichtig, dem Körper das ganze Jahr über ausreichend Wasser zuzuführen und nicht nur bei heißem Wetter. Beim Sport verlieren wir noch mehr Wasser durch das Schwitzen. Koffeinhaltige Getränke wie Tee und Kaffee oder Alkohol enthalten Substanzen, die entwässernd wirken.

Gurken-Minze-Saft

Wie ein erfrischender Sommersalat im Glas: leicht und frisch mit einer leichten Schärfe durch den Rucola, einem Hauch kühler Gartenminze und der zarten Süße von Äpfeln.

Für 1 Person

* ½ Salatgurke, halbiert
* 15 g Rucola
* 3 Stängel frische Minze
* 1 Zucchini
* 1 Selleriestange, halbiert
* 1 Apfel, halbiert
* 1 kleine Handvoll zerstoßenes Eis (nach Belieben)

Zubereitung

Erst die Gurke, dann Rucola und Minze, anschließend Zucchini, Sellerie und Apfel entsaften. Ein Glas zur Hälfte mit zerstoßenem Eis füllen, falls verwendet, mit Saft aufgießen und sofort servieren.

Wasser und Verdauung

Wasser ist nicht nur für den Körper wichtig, sondern auch für die Verdauung. Je länger Abfallstoffe im Dickdarm verweilen, desto trockener und fester werden sie und desto schwieriger sind sie zu transportieren. Versuchen Sie, jeden Tag mindestens 1,7 Liter Wasser zu trinken. Frische Säfte zählen auch, aber übertreiben Sie es nicht, sonst verkehrt sich die Verstopfung ins Gegenteil.

Sellerie

Sie mögen Sellerie nicht? Lassen Sie ihn weg und nehmen Sie mehr Gurke. Im Übrigen können Sie auch Sellerieblätter entsaften.

Fenchel-Tomaten-Saft

Aromatischer Fenchel, frischer Sellerie und pralle Tomaten sowie eine spritzige Zitrusnote und dezent süßer Apfel – dieser erfrischende Saft schmeckt zu jeder Tageszeit oder auch als leichtes Mittagessen.

Für 1 Person

- 1 Fenchelknolle, halbiert
- 1 Apfel, halbiert
- 2 Orangen, komplette Schale und etwas weiße Haut entfernt und entkernt
- 2 Selleriestangen, halbiert
- 4 Tomaten
- 1 kleine Handvoll zerstoßenes Eis (nach Belieben)

Zubereitung

Erst Fenchel und Apfel, danach Orangen und Sellerie und dann die Tomaten entsaften. Ein Glas zur Hälfte mit zerstoßenem Eis füllen, falls verwendet, mit Saft auffüllen und sofort servieren.

Gurken-
Minze-Saft
Seite 66
Fenchel-
Tomaten-
Saft
Seite 67

Pfirsich-Erfrischung

Wie eine Mischung aus Pfirsich Melba und schaumig-fruchtigem Saft. Dieser Powertrunk passt perfekt zu einem milden Sommernachmittag. In einem Thermobecher wird daraus eine tolle Ergänzung für das Familienpicknick oder ein schnelles Mittagessen im Park.

Für 1 Person

* 20 g Goji-Beeren
* 2 Pfirsiche, halbiert, entsteint und grob gehackt
* 150 g Himbeeren
* 225 ml kaltes Wasser
* 1 kleine Handvoll zerstoßenes Eis

Zubereitung

Die Goji-Beeren im Mixer fein pürieren. Die restlichen Zutaten zufügen und alles zu einer glatten Mischung verarbeiten. In ein Glas gießen und sofort servieren.

Grüner Dampfmacher

Weil Melonen so viel Wasser enthalten, sind sie der ideale Durstlöscher. Honigmelone hat einen leichten, zarten Duft und ein ebensolches Aroma. Eine reife Honigmelone sollte eine leuchtend zitronengelbe Schale haben, sich fest anfühlen, aber auf Druck leicht nachgeben und keine weichen Stellen haben. Galia- und Cantaloupe-Melonen würden hier auch passen.

Für 1 Person

- 85 g Zuckererbsen
- 5-cm-Stück Salatgurke, plus 1 Gurkenstick zum Garnieren
- 2 Kiwis, geschält
- ¼ Honigmelone, in dicke Scheiben geschnitten und Schale entfernt
- 1 TL Spirulinapulver (nach Belieben)
- 250 ml kaltes Wasser
- 1 Handvoll Eis (nach Belieben)

Zubereitung

Erst Zuckererbsen, Gurke und Kiwis, dann die Melone entsaften. Das Spirulinapulver, falls verwendet, einrühren und mit Wasser aufgießen. Ein Glas zur Hälfte mit Eis füllen, mit Saft aufgießen und sofort mit dem Gurkenstick zum Umrühren servieren.

Kennen Sie Spirulina?

Geben Sie Spirulina als Extraportion Eiweiß dazu und staunen Sie, wie das feine weiße Pulver diesem Getränk eine satte dunkelgrüne Farbe verleiht. Spirulina wird aus einer Kulturalge hergestellt und enthält Chlorophyll, Vitamin E, B-Vitamine, Linolensäure, Kalzium, Eisen, Eiweiß und Zink. Erhältlich ist sie abgepackt in Bioläden (siehe Seite 122).

Fantastisches Grün

Spirulina macht aus dem erbsengrünen Saft einen tief dunkelgrünen.

Melonen-Birnen-Ingwer-Fizz

Eine erfrischende und gesunde Alternative zu Gingerale, ohne Chemikalien und ohne Zucker aus 100 Prozent natürlichen Zutaten.

Für 1 Person

* ½ Honigmelone, in dicke Scheiben geschnitten und Schale entfernt
* 1-cm-Stück frischer Ingwer
* 1 Birne, halbiert
* 1 kleine Handvoll Eis (nach Belieben)
* 125 ml kaltes Sprudelwasser

Zubereitung

Melone, Ingwer und Birne in dieser Reihenfolge entsaften. Ein Glas zur Hälfte mit Eis füllen, falls verwendet, und den Saft hineingießen. Mit Sprudelwasser auffüllen und sofort servieren.

Beerensinfonie

Dieser Saft ist die reinste Schönheitskur von innen: Er gibt der Haut Feuchtigkeit zurück, mildert Fältchen, und die Vitamin-C-reichen Beeren wirken Pickel und Hautunreinheiten entgegen.

Für 1 Person

* 150 g Erdbeeren
* 85 g Himbeeren
* 85 g Brombeeren
* 175 ml kaltes Wasser
* 1 kleine Handvoll Eis (nach Belieben)

Beerenbonus

Wir wissen alle, dass Sommerbeeren Vitamin C enthalten, aber wussten Sie, dass Himbeeren auch Mangan enthalten, das den Kohlenhydrat-, Eiweiß- und Cholesterinstoffwechsel fördert und die Knochen gesund hält? Beeren sorgen außerdem für eine gute Verdauung; ihre winzigen ballaststoffreichen Samen halten die verdauten Lebensmittel in Bewegung und verhindern Verstopfungen.

Zubereitung

Eine Erdbeere halbieren und eine der Hälften sowie eine Himbeere und eine Brombeere beiseitelegen. Die restlichen Erdbeeren entstielen. Erdbeeren, Himbeeren, Brombeeren und Wasser im Mixer glatt pürieren. Ein Glas zur Hälfte mit Eis füllen, falls verwendet, und mit Saft aufgießen. Die Früchte auf einen Holzspieß stecken und als Dekoration zum Saft servieren.

Eiskalter Beerengenuss

Bewahren Sie einen Vorrat an Beeren im Gefrierfach auf. Erst antauen lassen oder in der Mikrowelle leicht auftauen und dann in den Mixer geben.

Litschi-Ananas-Turbodrink

Dieses Getränk vereint die köstlichen Aromen Südostasiens: duftendes Zitronengras und Litschis plus Ananas und Melone.

Für 1 Person

* 1½ Zitronengrasstängel
* 4 EL kochendes Wasser
* 6 Litschis, geschält und entsteint
* ½ kleine Ananas, geschält und in dicke Scheiben geschnitten
* ¼ Honigmelone, in dicke Scheiben geschnitten und die Schale entfernt
* 1 kleine Handvoll Eis (nach Belieben)

Zubereitung

Den Zitronengrasstängel erst längs, dann quer halbieren. Mit einer Teigrolle anklopfen, um das Aroma freizusetzen, dann in eine flache Schüssel legen und mit dem kochenden Wasser übergießen. Abdecken und abkühlen lassen, dann abtropfen und das Einweichwasser aufheben. Zuerst Zitronengras, Litschis und Ananas entsaften, dann die Melone. Den Saft mit dem Einweichwasser mischen. Ein Glas zur Hälfte mit Eis füllen, falls verwendet, mit dem Saft aufgießen und mit dem restlichen halben Zitronengrasstängel als Rührstab sofort servieren.

Sport und Wasserhaushalt

Besonders beim Sport ist die Flüssigkeitszufuhr wichtig. Ein gesunder Saft vor und nach dem Sport kann einen zu hohen Anstieg von Pulsfrequenz und Körpertemperatur verhindern.

Zitrusspritzer

Nichts für schwache Nerven: Dieser frische, peppige Smoothie reißt Sie garantiert aus dem Vormittagstief.

Für 1 Person

* 1 rosa Grapefruit, komplette Schale und etwas weiße Haut entfernt, entkernt und grob gehackt
* 1 Orange, komplette Schale und etwas weiße Haut entfernt, entkernt und grob gehackt
* ½ Zitrone, komplette Schale und etwas weiße Haut entfernt, entkernt und grob gehackt,
* ½ Limette, komplette Schale und etwas weiße Haut entfernt, entkernt und grob gehackt, plus 1 Scheibe, zum Garnieren

Zubereitung

Alle Zutaten in einem Mixer glatt pürieren. In ein Glas gießen, mit der Limettenscheibe garnieren und servieren.

Weniger Koffein!

Die meisten Menschen trinken viel zu viel koffeinhaltigen Tee oder Kaffee. Beide stillen nicht den Durst, sondern können den Trinkimpuls schwächen. Koffeinhaltige Getränke sollten gar nicht in die Berechnungen der täglichen Flüssigkeitszufuhr aufgenommen werden. Sobald Sie auf selbst gemachte, gesunde, rehydrierende Säfte umsteigen, werden Sie den Unterschied bemerken: Sie führen dem Körper nicht nur Flüssigkeit zu, sondern füllen auch die Nährstoffdepots auf leicht verdauliche Weise wieder auf.

Energie

Tipps für mehr Energie

Wenn Sie einen Energiekick brauchen, dann essen Sie natursüße Früchte wie Äpfel, Orangen und Beeren. Soll die Energie länger vorhalten, nehmen Sie Obst und Gemüse mit weniger Zucker und mehr Stärke wie Rote Beten, Bananen und Avocados, und geben Sie gemahlene Körner und Samen dazu.

Überzuckerung

Die Bauchspeicheldrüse produziert Insulin, das die Aufnahme von Glukose, also Blutzucker, in den Körper reguliert. Zu viel Zucker auf dem Speiseplan kann das anfällige Gleichgewicht des Blutzuckerspiegels stören und zu Energie- und Stimmungsschwankungen führen, sodass Sie sich müde und reizbar fühlen. Der überschüssige Zucker wird als Glykogen in der Leber und im restlichen Körper als Fett gespeichert.

Arten von Kohlenhydraten

Kohlenhydrate versorgen den Körper mit Energie. Das Verdauungssystem wandelt sie in Glukose um, die mit dem Blut dort hingelangt, wo Energie fehlt. Es gibt drei Gruppen von Kohlenhydraten: Zucker, Stärke und Ballaststoffe.

Zucker

Nehmen Sie am besten überwiegend natürliche Zuckerarten zu sich, wie sie in Obst und Gemüse vorkommen, und weniger raffinierten Zucker aus Keksen, Kuchen, Konfitüre, Limonade, Süßigkeiten und Fertiggerichten.

Stärke

Gute Stärkequellen sind Bananen, Pastinaken, Süßkartoffeln, Karotten, Rote Beten, Mais und Vollkornmüsli. Raffinierte Stärke, also die ungesunde Variante, findet sich zum Beispiel in Keksen, Kuchen, gezuckerten Frühstücksflocken, Weißbrot, Nudeln und Reis.

Ballaststoffe

Ballaststoffe sind in Obst und Gemüse, Vollkornfrühstücksflocken, Hülsenfrüchten, Nüssen und Samen enthalten.

Säfte nach dem Sport

Wenn wir zu wenig Energie haben, ermüden wir schnell, sind unkonzentriert und brauchen länger zum Erholen. Nach dem Sport ist eine Energiezufuhr daher wichtig, und frischer Saft eignet sich dazu hervorragend. Am wirkungsvollsten ist die Energiezufuhr in den ersten 30 Minuten nach dem Sport.

Was ist ein isotonisches Getränk?

Isotonisch werden Sportgetränke genannt, die Flüssigkeit und Elektrolyte ersetzen und ähnlich konzentriert sind wie die Körperflüssigkeiten. Sie bestehen meist aus Glukose und Wasser mit Vitaminen und Salzen als Ersatz für die ausgeschwitzten Substanzen. Typischerweise enthalten sie zwischen vier und acht Prozent Kohlenhydrate, um die Ausdauer zu stärken. In der Regel werden sie industriell hergestellt, lassen sich mit einer 1:1-Mischung aus Fruchtsaft und Wasser und einer Prise Salz aber auch ganz einfach selbst anrühren.

Hypertone Getränke enthalten zwischen 10 und 15 Prozent Kohlenhydrate und selten Elektrolyte. Je höher der Kohlenhydratgehalt, desto größer die Energiezufuhr und desto langsamer leert sich der Magen, was zu einer verringerten Urinproduktion und dem Zurückhalten von Flüssigkeit im Körper führt. Hypertone Getränke sollten nur beim Ausdauersport, etwa einem Marathonlauf, konsumiert werden, aber achten Sie darauf, später Wasser nachzutrinken. Wählen Sie Fruchtsmoothies oder Getränke aus ganzem Obst oder Gemüse wie Bananen, Avocados und Rote Beten mit Sojajoghurt oder -milch.

Hypotone Getränke sollen das ausgeschwitzte Wasser rasch ersetzen. Sie enthalten nicht immer Kohlenhydrate, aber Natrium und Kalium, die beim Schwitzen schnell verloren gehen.

Wasser hilft beim Konzentrieren

Saßen Sie schon einmal am Schreibtisch und konnten sich nicht konzentrieren? Dann brauchen Sie mehr als Energie. Wasser und natürliche Fruchtsäfte sind ebenfalls wichtig. Das Gehirn besteht zu 75 Prozent aus Wasser, die Flüssigkeitszufuhr ist daher von entscheidender Bedeutung. Wenn Sie dehydriert sind, dann lässt die Konzentration um 13 Prozent und das Kurzzeitgedächtnis um sieben Prozent nach. Trinken Sie also genug , vor allem beim Lernen, oder wenn Sie sich längere Zeit konzentrieren müssen. Wasser ist außerdem nötig, um Blutdruck und Körpertemperatur auf Normalniveau zu halten. Es ist wichtig, auch dann viel zu trinken, wenn Sie keinen Durst haben, vor allem bei heißem Wetter oder nach dem Sport. Frische Säfte oder Wasser sind besser als Tee oder Kaffee, die dem Körper sogar Wasser entziehen, oder zuckerhaltige Fertiggetränke.

Heidelbeer-Turbo

Die Heidelbeere ist ein Superheld unter den Lebensmitteln. Zusammen mit Birne, Naturjoghurt und durststillendem kaltem Wasser wie hier bringt sie Sie durch den hektischen Alltag. Anstelle des Wassers können Sie auch zwei Äpfel zusammen mit der Birne entsaften.

Für 1 Person

- 1 Birne, halbiert
- 125 g Heidelbeeren
- 175 g Naturjoghurt
- 20 g Weizenkeime
- 175 ml kaltes Wasser
- 1 Handvoll zerstoßenes Eis (nach Belieben)

Zubereitung

Die Birne entsaften. Den Saft in einen Mixer gießen, Heidelbeeren, Joghurt, Weizenkeime und Wasser zufügen und zerkleinern. Zerstoßenes Eis zugeben, falls verwendet, und alles zu einer glatten Mischung verarbeiten. In ein Glas gießen und sofort servieren.

Heidelbeeren: Gute-Laune-Essen

Die Antioxidantien in Heidelbeeren stabilisieren Untersuchungen zufolge die Gehirnfunktion und schützen das Nervengewebe vor oxidativem Stress. Somit können Gedächtnis- und Lernleistungen verbessert und Depressionssymptome gelindert werden.

Trinkpause

Wenn Sie das Glas nicht sofort austrinken, quellen die Weizenkeime auf. Eventuell müssen Sie dann noch einen Schuss Wasser dazugeben, wenn Sie später weitertrinken möchten.

Power-Shots

Trinken Sie einen dieser gehaltvollen Säfte vor einem anstrengenden Training, um die Muskeln mit Vitaminen und Mineralstoffen zu versorgen und die Leistung zu steigern. Am besten einfach in einem gut verschlossenen Thermobecher mit ins Sportstudio nehmen.

Für 1 Person

Rote-Bete-Shot

- 2 Rote Beten, halbiert
- 4 EL kaltes Wasser (nach Belieben)

Kiwi-Shot

- 2 Kiwis

Heidelbeer-Shot

- 150 g Heidelbeeren
- 4 EL kaltes Wasser

Zubereitung

- Für den Rote-Bete-Shot die Beten entsaften, den Saft in ein Glas gießen, mit Wasser aufgießen, falls verwendet, und servieren.
- Für den Kiwi-Shot die Kiwis entsaften. In ein Glas gießen und servieren.
- Für den Heidelbeer-Shot Heidelbeeren und Wasser im Mixer glatt pürieren, in ein Glas gießen und servieren.

Wasser oder Saft?

Beim Sport verlieren Sie durch das Schwitzen viele Mineralstoffe. Wasser füllt die Flüssigkeitsvorräte wieder auf, Säfte aber auch. Selbst gemachte Obst- und Gemüsesäfte liefern außerdem eine Extraportion Energie, Vitamine und Mineralstoffe und führen dem Körper schnell Flüssigkeit zu, sodass Sie sich schneller erholen. Am besten ist aber beides, in einem selbst gemachten isotonischen Sportgetränk.

Himbeer-Jungbrunnen

Himbeeren und Bananen führen dem Körper Energie zwar nur langsam zu, die hält dafür aber länger vor.

Für 1 Person

- 30 g Goji-Beeren
- 1 kleine Banane, geschält und grob gehackt
- 125 g Himbeeren
- 2 Orangen, Saft ausgepresst
- 1 Handvoll zerstoßenes Eis (nach Belieben)
- kaltes Wasser nach Geschmack

Zubereitung

Die Goji-Beeren im Mixer fein pürieren. Dann Banane, Himbeeren und Orangensaft zufügen und alles zerkleinern. Zerstoßenes Eis, falls verwendet, zugeben und alles zu einer glatten Mischung verarbeiten. Wasser nach Geschmack zugießen, den Saft dann in ein Glas gießen und sofort servieren.

Kohlenhydrate und Eiweiß

Für Sportlerinnen und Sportler ist die richtige Mischung von Eiweiß und Kohlenhydraten besonders wichtig. Bei zu wenig Kohlenhydraten erschwert die fehlende Energie das Trainieren und schmälert die Leistung. Der Körper nutzt das Eiweiß in Nahrung und Getränken zur Energiegewinnung statt für den Muskelaufbau.

Orangen entsaften

Orangen enthalten unterschiedlich viel Saft. Wenn man sie bei Raumtemperatur lagert, lassen sie sich leichter auspressen. Füllen Sie diesen Saft bei Bedarf mit Wasser auf.

Rosa Energiebündel

Der Saft der exotisch duftenden Papaya verleiht diesem Getränk zusammen mit Erdbeeren und Limetten besonderen Pep. Dank der Sojamilch ist er leicht verdaulich und energiereich.

Für 1 Person

- ½ Papaya, geschält, entkernt und grob gehackt
- 150 g Erdbeeren, entstielt
- 1 Banane, geschält und grob gehackt
- ½ Limette, Saft ausgepresst
- 225 ml ungesüßte Reis-, Mandel- oder Sojamilch
- 1 kleine Handvoll zerstoßenes Eis (nach Belieben)

Zubereitung

Papaya, Erdbeeren und Banane im Mixer pürieren. Limettensaft und Milch zugießen und untermixen. Zerstoßenes Eis, falls verwendet, zufügen und alles zu einer glatten Mischung verarbeiten. In ein Glas gießen und servieren.

Papaya gegen Schmerzen

Papaya enthält Papain. Dieses Enzym ähnelt dem Pepsin, das im menschlichen Verdauungstrakt produziert wird, um Eiweiße zu spalten. Papaya hat auch schmerzstillende Eigenschaften und beruhigt daher den Magen sowie Entzündungen und Muskelschmerzen nach dem Sport. Eine halbe mittelgroße Frucht enthält neben einer Tagesration an Vitamin C Betacarotin und geringe Mengen an Kalzium und Eisen.

Turbo-Express

Dieser Smoothie enthält alles, was Sie brauchen, um Ihren Körper nach einem anstrengenden Training wieder in Schwung zu bringen: Mit saftiger Melone, energiespendender Banane, Vitamin-C-reichen Trauben und eisenhaltiger Brunnenkresse sind Sie schnell wieder fit!

Für 1 Person

* ¼ Honigmelone, entkernt, geschält und grob gehackt
* 1 Banane, geschält und grob gehackt
* 1 Kiwi, geschält und grob gehackt
* 125 g kernlose grüne Trauben
* 1 kleine Handvoll Brunnenkresse (nach Belieben)
* 125 ml ungesüßte Reis-, Mandel- oder Sojamilch
* 1 kleine Handvoll zerstoßenes Eis (nach Belieben)

Zubereitung

Melone, Banane, Kiwi, Trauben und Brunnenkresse, falls verwendet, im Mixer pürieren. Die Milch und eventuell zerstoßenes Eis zufügen und zu einer glatten Mischung verarbeiten. In ein Glas gießen und sofort servieren.

Bravo, Brunnenkresse!

Brunnenkresse steckt voller Antioxidantien, Mineralstoffe und Vitamin C und K. Sie enthält Chlorophyll, das die Blutzellen mit Sauerstoff versorgt, sie gesund hält und die Regulierung ihrer Anzahl unterstützt. Gut gegen Erschöpfung!

Turbo-
Express
Seite 91
Rosa
Energie-
bündel
Seite 90

Power-Pfirsich

Die Grapefruit in diesem Saft belebt und schärft die Sinne, der Pfirsich sorgt mit seinem natürlichen Fruchtzucker für mehr Energie und der Ingwer beruhigt. Dieser Saft ist gesünder als eine Tasse Tee und ein Schokokeks!

Für 1 Person

* 1 rosa oder rote Grapefrucht, komplette Schale und etwas weiße Haut entfernt, halbiert
* 1 Karotte, halbiert
* 1-cm-Stück frischer Ingwer
* 1 großer Pfirsich, entsteint und grob gehackt
* 1 EL helle Tahina (Sesampaste)
* 125 ml kaltes Wasser (nach Belieben)
* 1 kleine Handvoll zerstoßenes Eis

Zubereitung

Erst die Grapefruit, dann Karotte und Ingwer entsaften. Den Saft in einen Mixer gießen, Pfirsich, Tahina, eventuell Wasser und zerstoßenes Eis zufügen und zu einer glatten Mischung verarbeiten. In ein Glas gießen und sofort servieren.

Lila-Laune-Shake

Dieser hübsche, eiskalte Fruchtshake erfrischt wunderbar. Gleichzeitig liefern Pflaumen und Honig einen schnellen Energiestoß und der Joghurt länger anhaltende Energie.

Für 1 Person

* 125 g Zwetschgen, entsteint
* 100 ml Wasser
* 2 TL flüssiger Honig
* 2 EL gefrorener Naturjoghurt
* 1 italienischer Mandel- oder Pistazien-Biscotti, zerkrümelt (nach Belieben), zum Garnieren
* ¼ Pflaume, entsteint (nach Belieben), zum Garnieren

Zubereitung

Zwetschgen, Wasser und Honig in einem Topf auf mittlerer Stufe erwärmen. Umrühren, Deckel aufsetzen, Hitze reduzieren und etwa 15 Minuten köcheln lassen, bis die Zwetschgen ganz weich sind. Abkühlen lassen. Im Mixer mit dem Joghurt glatt mixen. In ein Glas gießen, gegebenenfalls mit Biscotti bestreuen, den Glasrand mit der Pflaume garnieren, falls verwendet, und sofort servieren.

Pflaumen für Vitamin C

Pflaumen liefern viel Vitamin C, das bei der Abwehr von Infektionen hilft und die Eisenaufnahme verbessert. Essen Sie jedoch nicht zu viele auf einmal, da sie abführend wirken.

Gehirnnahrung

Nach intensiver Konzentration oder körperlicher Anstrengung ist die Energie verbraucht. Zu wenig Glukose im Blut macht uns kraftlos und müde, denn Glukose fördert die Konzentration. Sobald der Blutzucker jedoch wieder im Normalbereich liegt, lässt sich das Hirn nicht noch mehr antreiben, indem man den Glukosespiegel erhöht.

Ingwer-Energiespender

Der Ingwer in diesem gesunden Gemüsesaft gibt Ihnen neuen Schwung, wenn Sie sich antriebslos fühlen.

Für 1 Person

- 2 Karotten, halbiert
- 4 Tomaten, grob gehackt
- 1 EL Zitronensaft
- 30 g frische glatte Petersilie
- 3-cm-Stück Ingwer, geschält und fein gerieben
- 1 kleine Handvoll zerstoßenes Eis
- 125 ml kaltes Wasser

Zubereitung

Die Karotten entsaften. Den Saft in einen Mixer gießen, Tomaten und Zitronensaft zufügen und alles zerkleinern. Petersilie, bis auf einen Stängel zum Garnieren, Ingwer und zerstoßenes Eis dazugeben. Alles zu einer glatten Mischung verarbeiten. In ein Glas gießen, mit dem Petersilienstängel garnieren und sofort servieren.

Gesunder Ingwer

Ingwer wird seit Jahrhunderten als natürliches Heilmittel eingesetzt, vor allem gegen Verdauungsbeschwerden. Schwangeren wird oft zu Ingwertee gegen Morgenübelkeit geraten. Jüngere Studien haben gezeigt, dass Ingwer auch gegen Menstruationsbeschwerden, Erkältung, Grippe und sogar Sodbrennen hilft.

Dunkelrotes Kraftpaket

Rote Bete ist das Lieblingsgemüse vieler Sportlerinnen und Sportler. Sie verbessert Ausdauer und Muskelleistung und steckt randvoll mit Vitaminen, Mineralstoffen, Kohlenhydraten, Eiweiß und wirksamen Antioxidantien. Nur das Fett fehlt, aber das ist ja kein Nachteil!

Für 1 Person

* 2 Rote Beten, halbiert
* 30 g Leinsamen
* 4 Pflaumen, geviertelt und entsteint
* 150 g kernlose rote Trauben
* 225 ml kaltes Wasser
* Eis zum Servieren (nach Belieben)

Zubereitung

Die Roten Beten entsaften. Die Leinsamen im Mixer fein mahlen. Den Saft der Roten Beten und die Leinsamen zu Pflaumen, Trauben und Wasser geben und alles zu einer glatten Mischung verarbeiten. In ein Glas gießen, eventuell Eis hineingeben und sofort servieren.

Bananen mixen

Wie Äpfel verfärben sich auch Bananen an der Luft, also servieren Sie diesen Saft direkt aus dem Mixer.

Apfel-Attacke

Dieser Saft ist eine gute Kombination aus Fruchtzucker für die sofortige Energie und Ballaststoffen für Langzeitenergie. Außerdem ist er ein toller Eiweiß- und Kalziumlieferant für starke Muskeln und Knochen.

Für 1 Person

- 2 Äpfel, halbiert
- 1 kleine Banane, geschält und grob gehackt
- 2 EL Naturjoghurt
- 1 EL helle Tahina (Sesampaste)
- ½ TL Sesamsaat, zum Garnieren

Zubereitung

Die Äpfel entsaften. Den Saft in einen Mixer gießen, Banane, Joghurt und Tahina zufügen und zu einer glatten Mischung verarbeiten. In ein Glas geben, mit Sesamsaat garnieren und sofort servieren.

Äpfel als Energielieferanten

Äpfel haben eine Menge Fruchtzucker, der die Energie steigert. Außerdem enthalten sie Pektin, das Geliermittel in Konfitüren, Vitamine und Mineralstoffe. Pektin beseitigt überschüssiges Cholesterin und giftige Metalle aus dem Verdauungstrackt und stimuliert nützliche Bakterien im Dickdarm. Vielleicht haben unsere Mütter und Großmütter deshalb immer gesagt: „Ein Apfel am Tag hält den Doktor fern."

Muskelmagie

Schon beim Anblick dieses grünen Powergetränks fühlt man sich gleich viel gesünder! In der Tat strotzt dieser Saft nur so vor Vitaminen und Mineralstoffen.

Für 1 Person

* 50 g Grünkohl
* 1 kleine Handvoll frische glatte Petersilie
* ½ Romanasalat
* 2 Selleriestangen, halbiert
* 1 Apfel, halbiert
* ½ Zitrone
* 30 g Mandelblättchen
* ½ Avocado, entkernt und das Fleisch aus der Schale gelöst
* 1 kleine Handvoll zerstoßenes Eis

Zubereitung

Erst den Grünkohl, dann Petersilie und Salat, anschließend Sellerie, Apfel und Zitrone entsaften. Die Mandelblättchen im Mixer fein mahlen. Gemüsesaft und Avocadofleisch dazugeben und alles zu einer glatten Mischung verarbeiten. Das zerstoßene Eis zufügen und den Mixer noch einmal einschalten. In ein Glas gießen und sofort servieren.

After-Sport-Drink

Ernährungsexperten empfehlen einen gesunden Snack in den ersten 30 Minuten nach dem Training, um Heilung und Wachstum von Muskeln zu fördern.

Süße Aufmunterung

Sind Sie gestresst, müde oder schlapp? Dann genießen Sie diesen beruhigenden Apfelkuchen im Glas mit einem Hauch von Honig und Zimt. Naturreissirup statt Honig sorgt für ein leichteres, nussigeres Aroma.

Für 1 Person

- 3 Äpfel, halbiert
- 2 TL Leinsamenöl
- 1 TL flüssiger Honig
- 1 Prise Zimt
- 1 kleine Handvoll zerstoßenes Eis (nach Belieben)
- 1 Zimtstange (nach Belieben)

Zubereitung

Die Äpfel entsaften. Leinsamenöl, Honig und Zimt unterrühren. Den Saft in einen Mixer gießen, das zerstoßene Eis zufügen, falls verwendet, und untermixen. In ein Glas gießen und mit der Zimtstange als Rührstab servieren.

Äpfel entsaften

Apfelsaft verfärbt sich sehr schnell. Bereiten Sie diesen Saft also erst kurz vor dem Verzehr zu. Die Farbe des Safts hängt von der Farbe der Apfelschale ab. Für einen Hauch von Rosa brauchen Sie rote Äpfel.

Muskelmagie
Seite 102
Süße Aufmunterung
Seite 103

Tropische Erfrischung

Papaya und Mango enthalten viel Fruchtzucker und sorgen so für einen Energieschub. Leicht verdaulich und magenfreundlich sind sie auch.

Für 1 Person

* 1 Banane, geschält und grob gehackt
* ½ Papapya, geschält, entkernt und grob gehackt
* ½ Mango, entsteint, geschält und grob gehackt
* 1 Limette, Saft ausgepresst
* 2-cm-Stück frischer Ingwer, geschält und fein gerieben
* 2 TL Hanföl
* 125 ml ungesüßte Reis-, Mandel- oder Sojamilch
* 1 kleine Handvoll zerstoßenes Eis

Zubereitung

Banane, Papaya und Mango im Mixer glatt pürieren. Limette, Ingwer, Hanföl, Milch und zerstoßenes Eis zufügen und weiterverarbeiten. In ein Glas gießen und sofort servieren.

Superfood: Grünkohl

Ob blaugrün oder rot, dieses krause Blattgemüse enthält eine Menge Kalzium, Betacarotin und Vitamin B und C. Die in Grünkohl enthaltenen Antioxidantien schützen vor Krebs und altersbedingter Sehschwäche. Außerdem unterstützen sie die Leberfunktion. Schon 1939 empfahl die britische Regierung den Anbau von Grünkohl, da er selbst von unerfahrenen Gärtnern leicht zu ziehen und sehr nahrhaft ist.

Anti-Müdigkeits-Drink

In dieser aufregenden Mischung gleicht die natürliche Süße der Ananas die Säure der Cranberries wunderbar aus. Der Saft lässt sich gut im Voraus zubereiten und in einem Thermobecher mit zum Sport nehmen, um den Glykogenspeicher vor und nach dem Training aufzufüllen.

Für 1 Person

- 30 g Chiasamen (siehe Seite 19)
- ½ kleine Ananas, geschält und grob gehackt
- 125 g Cranberries
- 1 Handvoll Eis (nach Belieben)

Zubereitung

Die Chiasamen im Mixer fein mahlen. Ananas und Cranberries dazugeben und alles glatt pürieren. Ein Glas zur Hälfte mit Eis füllen, falls verwendet. Dann mit Saft aufgießen und sofort servieren.

Magenfreund Ananas

Die Ananas enthält nicht nur energiereichen Fruchtzucker und Vitamin C, sondern auch das Verdauungsenzym Bromelain, das den Magen beruhigt und so zum Beispiel gegen Übelkeit nach einem anstrengenden Training oder einem Marathon hilft. Ihre entzündungshemmenden Eigenschaften beschleunigen außerdem die Gewebeheilung, daher hilft Ananas auch bei Prellungen, Blasen und Verstauchungen.

Ananas zubereiten

Entsafter mit weniger Motorleistung werden mit der Ananasschale oft nicht fertig, deshalb wird sie in diesem Buch immer entfernt. Sehen Sie in der Gebrauchsanleitung nach, ob das bei Ihrem Modell nötig ist.

Super-Smoothie

Dieser Super-Smoothie ist randvoll mit Antioxidantien, Vitaminen und Mineralstoffen. Spirulina sorgt für die Extraportion Eiweiß.

Für 1 Person

* 1 Birne, halbiert
* 50 g junger Spinat
* 4 Stängel frische glatte Petersilie
* ¼ Salatgurke, grob gehackt
* ½ Avocado, entkernt und das Fleisch aus der Schale gelöst
* ½ TL Spirulinapulver
* kaltes Wasser, nach Geschmack
* 1 Paranuss, grob gehackt

Zubereitung

Die Birne entsaften. Den Saft in einen Mixer gießen und Spinat, Petersilie, Gurke und Avocado zugeben. Alles glatt pürieren. In ein Glas gießen. Spirulinapulver mit etwas Wasser dickflüssig anrühren, zum Saft geben und so umrühren, dass sich Spiralen bilden. Mit gehackter Paranuss bestreuen und servieren.

So wird Ihre Avocado reif

Avocados schmecken am besten, wenn sie gerade reif sind. Falls Ihr Exemplar noch etwas unreif und hart ist, legen Sie es in eine Papiertüte und stellen Sie diese an einen warmen Ort, etwa eine sonnige Fensterbank, um die Reifung zu beschleunigen.

Gesunde Avocado

Avocados können das Wachstum von Prostatakrebs hemmen und wegen des hohen Gehalts an Ölsäure auch Brustkrebs verhindern. Sie enthalten das Carotinoids Lutein in größeren Mengen als jede andere Frucht auf unserem Speiseplan. Lutein schützt gegen Makuladegeneration und auch grauen Star, zwei altersbedingte Augenerkrankungen. Avocados senken den Cholesterinspiegel, und wirken sogar dem Alterungsprozess entgegen.

Mango-Limetten-Powersaft

Dieser hübsche grün gefleckte Saft sieht nicht nach Mango aus, aber die natürliche Süße der Frucht bildet ein gutes Gegengewicht zum Grünkohl –und man schmeckt sie heraus, auch wenn man sie nicht sieht.

Für 1 Person

* 1 EL Sesamsaat
* ½ Limette, Saft ausgepresst
* 30 g Grünkohl, zerpflückt
* 1 Mango, entsteint, geschält und grob gehackt
* 225 ml ungesüßte Reis-, Mandel- oder Sojamilch
* 1 kleine Handvoll zerstoßenes Eis

Gut für die Knochen

Dank kalziumreicher Sesamsaat, Grünkohl und angereicherter Sojamilch bleiben die Knochen stark und die Nerven und Muskeln fit. Das zugesetzte Vitamin D in der Sojamilch erleichtert die Kalziumaufnahme.

Zubereitung

Die Sesamsaat im Mixer fein mahlen. Limettensaft, Grünkohl und Mango zugeben und alles pürieren. Milch und zerstoßenes Eis zufügen und alles zu einer glatten Mischung verarbeiten. Den Saft in ein Glas gießen und sofort servieren.

Trauben-Litschi-Kick

Duftende Litschis, bei den Chinesen ein Symbol der Liebe, verleihen diesem belebenden Saft aus cremiger Avocado und natursüßen Trauben eine orientalische Note. Ein Durstlöscher, der die Müdigkeit vertreibt!

Für 1 Person

- 300 g grüne Trauben
- 50 g junger Spinat
- ½ reife Avocado, entkernt und das Fleisch aus der Schale gelöst, plus eine Spalte zum Garnieren (nach Belieben)
- 5 Litschis, geschält und entsteint
- 1 kleine Handvoll zerstoßenes Eis
- 125 ml kaltes Wasser

Zubereitung

Trauben und Spinat entsaften. Den Saft in einen Mixer gießen, Avocado, Litschis und zerstoßenes Eis dazugeben und alles glatt pürieren. Das Wasser zugießen und untermixen. In ein Glas gießen, eventuell mit einer Avocadospalte garnieren und sofort servieren.

Gesunde Trauben

Trauben sind eine gute Kaliumquelle, liefern aber prozentual gesehen nur ein Zwanzigstel so viel Vitamin C wie Kiwis. Die Griechen hielten sie für aphrodisierend, da sie die Frucht des Dionysus sind, des griechischen Gottes der Fruchtbarkeit und der Fortpflanzung.

Mango-Supersaft

Nicht nur Sportskanonen können einen Energieschub gut brauchen: Der Familienalltag mit Kindern kann genauso anstrengend sein! Probieren Sie anstelle von Schokokeksen oder Kuchen doch mal diese belebende Fruchtmischung aus Clementinen, Mango und Äpfeln, um aus dem Nachmittagstief herauszukommen! Wenn Clementinen gerade keine Saison haben, nehmen Sie einfach Orangen.

Für 1 Person

- 2 Clementinen, komplette Schale und etwas weiße Haut entfernt
- 1 Mango, entsteint und geschält
- 2 Äpfel, halbiert
- 1 kleine Handvoll Eis (nach Belieben)
- kaltes Wasser (nach Belieben)
- 1 TL flüssiger Honig

Zubereitung

Clementinen, Mango und Äpfel entsaften. Ein Glas zur Hälfte mit Eis füllen, falls verwendet. Den Saft dazugießen, nach Geschmack mit Wasser aufgießen, den Honig einrühren und sofort servieren.

Mangos zubereiten

Mit einem scharfen Messer oben und unten je eine dicke Scheibe abschneiden, um den großen, flachen, ovalen Stein freizulegen. Das Fleisch vom Stein schneiden und aufheben. Die Schale nach innen drücken, das Fleisch würfeln und die Würfel von der Schale schneiden.

Mango-Energie

Mangos enthalten 14 Prozent natürlichen Zucker, den der Körper schnell in Energie umwandeln kann. Außerdem enthalten sie viel Betacarotin und Vitamin C.

Gesundheit

Nährstoffe in Obst & Gemüse

Gewicht, Energie, Aussehen und Stimmung werden von dem bestimmt, was wir essen. Eine gesunde Ernährung macht und hält uns gesund. Hier ein kleiner Wegweiser zum Nährwert von Obst und Gemüse.

Äpfel, Birnen & Pflaumen

Diese Früchte sind gute Quellen für Vitamin C, lösliches Pektin, das den Cholesterinspiegel senkt, und die Mineralstoffe Kalzium,Magnesium und Phosphor.

Beeren

Erdbeeren, Himbeeren, Brombeeren und auch Heidelbeeren liefern Vitamin C und Ballaststoffe. Sie enthalten unterschiedlich viel Vitamin K, B-Vitamine und Mineralstoffe, und wirken gegen Viren und Bakterien. Ihre Antioxidantien senken den Cholesterinspiegel.

Tropische Früchte

Für Mangos, Papayas, Melonen und Ananas gilt: Je leuchtender die Frucht gefärbt ist, desto mehr Carotinoide enthält sie, zum Beispiel Betacarotin. Diese Früchte sind außerdem reich an Vitamin C.

Bananen

Wegen ihres hohen Gehalts an komplexen Kohlenhydraten sind Bananen gute Energielieferanten, sie enthalten Kalium zur Blutdruckregulierung und regen dank Tryptophan und Vitamin B6 die Produktion von Serotonin, dem Gute-Laune-Hormon, an.

Wie viel ist eine Portion?

Gesundheitsexperten empfehlen mindestens fünf Portionen frisches Obst und Gemüse pro Tag. Ein Glas Obst- oder Gemüsesaft aus dem Entsafter zählt als eine Portion. Auch wenn Sie mehrere Gläser trinken, zählen sie nur als eine Portion. Dagegen gehen zwei Gläser à 150 ml Fruchtsmoothie als zwei Portionen durch, da sie gemixt und nicht entsaftet werden und deshalb oft die ganze Frucht und damit mehr Ballaststoffe, Antioxidantien und andere Nährstoffe enthalten. Aber auch wenn Sie mehr als zwei Smoothies pro Tag trinken, zählen diese nur als zwei der empfohlenen fünf täglichen Portionen.

Brokkoli & Grünkohl

Beide Gemüse sind Superfoods und enthalten Antioxidantien, Vitamin C und K, Kalzium, Magnesium und Zink.

Grünes Blattgemüse

Spinat, Mangold, Romanasalat und Brunnenkresse enthalten viele B-Vitamine, die für die Produktion von Serotonin, einem stimmungsaufhellenden Hormon, benötigt werden. Ihre Antioxidantien senken das Risiko für Herzerkrankungen und Krebs. Das Carotinoid Lutein schützt gegen grauen Star und Makuladegeneration, und sie enthalten verschiedene Mineralstoffe.

Wurzelgemüse

Rote Beten, Karotten, Süßkartoffeln und Pastinaken dienen ihren Pflanzen als Speicherorgane. Sie stecken voller Ballaststoffe, Stärke und Zucker und sind daher gute Energielieferanten. Zudem enthalten sie Vitamine und Mineralstoffe, Antioxidantien und sekundäre Pflanzenstoffe.

Zwiebeln, Lauch & Knoblauch

Schwefelverbindungen in Zwiebeln, Lauch und Knoblauch entspannen die Blutgefäße und senken den Blutdruck. Das Allicin in Knoblauch und Zwiebeln wirkt Bakterien und Viren entgegen und hilft auch bei Erkältungen, Grippe und Brechdurchfall. Auch gegen Entzündungen sind sie wirksam, können Arthritis lindern und vor Asthmaanfällen schützen.

Avocados

In Avocados steckt mehr Eiweiß als in jeder anderen Frucht. Sie enthalten auch als Antioxidantien wirksame Vitamine und besonders viel Vitamin C und Kalium. Wegen der gesunden einfach gesättigten Fettsäuren haben sie allerdings mehr Kalorien als jede andere Frucht.

Was sind eigentlich Antioxidantien?

Viele Obst- und Gemüsesorten enthalten Antioxidantien. Sie sind ein wichtiger Teil der Ernährung und unterstützen die Pflege und Reparatur von DNA und Zellen. Vitamin C und E sind Antioxidantien, auch die Mineralstoffe Zink und Selen. Man glaubt, dass Antioxidantien die Entstehung freier Radikale hemmen und damit eine frühe Schädigung der Zellen verhindern. Möglicherweise mindern sie das Auftreten von Krebs und Herzerkrankungen und das Nachlassen der Gehirnfunktionen.

Kleine Helfer

So wunderbar ein Saft aus verschiedenen Obst- und Gemüsesorten auch ist, manchmal hat man einfach keine Zeit für die Vorbereitung oder nicht alle Zutaten im Haus. Diese drei schnellen Säfte bestehen aus nur einer Zutat plus einem Zusatz, der den Nährwert aufpeppt.

1

Apfel & Spirulina

* 2 Äpfel, halbiert
* 1 TL Spirulinapulver

Für 1 Person

Für alle Säfte gilt: Das Obst oder Gemüse entsaften und den Saft in ein Einmachglas gießen. Pulver hineingeben, Deckel zuschrauben und gründlich schütteln, damit der fertige Saft nicht nach Pulver schmeckt. In ein Glas gießen und sofort servieren.

Spirulina

Die dunkelgrüne Alge enthält zehnmal mehr Kalzium als Milch und 58-mal mehr Eisen als Spinat. Sie besteht zu 60 Prozent aus Eiweiß und ist reich an essenziellen Fettsäuren und Vitamin B12 (siehe Seite 70).

2

Karotte & Baobab

* 4 Karotten, halbiert
* 1 TL Baobab-Pulver

Baobab

Die Frucht des afrikanischen Affenbrotbaums enthält sechsmal mehr Kalium als Bananen, sechsmal mehr Vitamin C als Orangen, sechsmal mehr Antioxidantien als Heidelbeeren und doppelt so viele wie Goji-Beeren und doppelt so viel Kalzium wie Milch.

Reife Birnen

Keine Sorge, wenn die Birnen noch etwas hart sind, Sie liefern trotzdem eine Menge Saft.

Super-Birne

Birnen enthalten Antioxidantien wie Vitamin C und Kupfer. Antioxidantien stärken das Immunsystem und helfen dem Körper, Krankheiten abzuwehren.

3

Birne & Weizengras

* 2 Birnen, halbiert
* 1 TL Weizengraspulver

Weizengras

Weizengras enthält alle acht essenziellen Aminosäuren, außerdem Vitamin E, K und B, vor allem B12, sowie Chlorophyll und es ist reich an Kalzium, Vitamin C und Eisen. Frisch gepresster Weizengrassaft ist am gesündesten, aber Weizengraspulver ist eine schnelle und praktische Alternative, die man stets im Haus haben sollte.

Cranberry-Traum

Schützen Sie Ihren Körper mit diesem herrlichen farbigen und schmackhaften Trunk. Auch für die Kinder eine tolle Möglichkeit, mehr Vitamin-C-reiches Obst zu sich zu nehmen.

Für 1 Person

- 150 g Cranberries
- 1 Orange, Saft ausgepresst
- 5 EL Naturjoghurt
- 2 TL flüssiger Honig

Wunderbeere

Cranberries enthalten große Mengen an Antioxidantien und anderen sekundären Pflanzenstoffen, die gegen Herzerkrankungen und Krebs schützen. Sie beugen nicht nur Infektionen der Harnwege vor, sondern sollen auch Herz und Zähne gesund halten. Außerdem beugen sie Geschwüren vor und verlangsamen den Alterungsprozess.

Zubereitung

Cranberries und Orangensaft in einem Mixer glatt pürieren. Dann Joghurt und Honig dazugeben und untermixen. In ein Glas gießen und sofort servieren.

Wunderwaffe

Schützen Sie Ihren Körper von innen mit diesem frischen, fruchtigen Saft, der vor Antioxidantien nur so strotzt.

Für 1 Person

* ½ Avocado, entkernt und das Fleisch aus der Schale gelöst
* 125 g Heidelbeeren
* 125 g Erdbeeren, entstielt
* 1 Clementine oder kleine Orange, Saft ausgepresst
* 125 ml kaltes Wasser
* 1 kleine Handvoll zerstoßenes Eis (nach Belieben)

Zubereitung

Avocado, Heidelbeeren, Erdbeeren, Clementinensaft und Wasser im Mixer pürieren. Dann zerstoßenes Eis, falls verwendet, zugeben und alles zu einer glatten Mischung verarbeiten. In ein Glas gießen und sofort servieren.

Beruhigender Smoothie

Cranberries wirken beruhigend auf Verdauungssystem und Harnwege und enthalten sekundäre Pflanzenstoffe, die gegen Krebs schützen. Dieser Smoothie liefert viel Vitamin C plus Kalium zur Regulierung des Blutdrucks.

Für 1 Person

* 1 Orange
* 55 g Cranberries
* 1 Banane, geschält und grob gehackt
* 100 g Sojajoghurt

Zubereitung

Die Orangenschale entfernen, ein kleines Stück in feine Streifen schneiden und beiseitestellen. Den Rest wegwerfen. Die Kerne und den größten Teil der weißen Haut entfernen und wegwerfen. Das Fleisch grob hacken und mit den Cranberries im Mixer pürieren. Banane und Joghurt zufügen und alles zu einer glatten Mischung verarbeiten. In ein Glas gießen, mit den Orangenschalenschnitzeln bestreuen und servieren.

Süße Banane

Sobald die Bananenschale braune Flecken zeigt, wird die Frucht von Natur aus süßer und leichter verdaulich. Zusammen mit eiweißreichem Sojajoghurt wie in diesem Smoothie liefern Bananen Energie, die sehr lange vorhält.

Anti-Stress-Saft

Ginseng ist ein natürlicher Muntermacher, der gegen Stress hilft und die Stimmung hebt. Dieser Saft unterstützt außerdem die Leber- und Nierenfunktion und verhindert Wassereinlagerungen.

Für 1 Person

- 1 Beutel oder 1 TL Ginsengtee
- 150 ml kochendes Wasser
- 1 Apfel, halbiert
- 50 g Rucolablätter

Zubereitung

Den Teebeutel in eine Tasse geben, mit kochendem Wasser übergießen und 4 Minuten ziehen lassen. Den Tee in ein Glas abseihen. Erst den Apfel, dann den Rucola entsaften. Den Saft in den Tee rühren und warm oder kalt servieren.

Flüssige Hautpflege

Dieser Trunk wirkt wie eine Schönheitsmaske von innen. Jede Hautpore scheidet Abfallstoffe und Schweiß aus, und die Talgdrüsen transportieren Schadstoffe nach außen. Die Haut spiegelt, was im Körper geschieht. Sind wir gestresst, erschöpft oder haben uns zu sehr verausgabt, erscheint die Haut müde und matt, obendrein entstehen Pickel und Unreinheiten.

Großartiger Ginseng

Ginseng ist eine langsam wachsende Pflanze mit fleischigen Wurzeln. Er wächst typischerweise in Nordchina, Korea und Ostsibierien. Die Pflanze gilt nicht nur als wirkungsvolles Aphrodisiakum und Stärkungsmittel, sondern zügelt auch den Appetit und wirkt bei Diäten unterstützend. Ginsengtee hilft außerdem auch gegen Menstruationsschmerzen.

Grüne Wunderkur

Dieser Saft wirkt harntreibend und reinigt den Körper. Die natürliche Süße der Zuckererbsen und der zarte Geschmack der Gurke gleichen die kräftigen Aromen von Kräutern und Spinat aus.

Für 1 Person

- 125 g Zuckererbsen
- 1 kleine Handvoll frische glatte Petersilie
- 2 Stängel frischer Rosmarin
- 1 Knoblauchzehe
- 50 g junger Spinat
- ½ Salatgurke
- 2 Selleriestangen, halbiert
- 1 TL Hanföl
- kaltes Wasser nach Geschmack
- Eis zum Servieren (nach Belieben)

Zubereitung

Erst Zuckererbsen, Petersilie, bis auf 1 Stängel zum Garnieren, Rosmarin und Knoblauch entsaften. Dann Gurke und Sellerie entsaften. Den Saft in ein Glas gießen, Hanföl und Wasser nach Geschmack unterrühren, mit dem Petersilienstängel garnieren und nach Belieben mit Eis servieren.

Sellerie, Petersilie & Rosmarin in neuem Licht

Sellerie wird seit Jahrhunderten als harntreibendes Mittel eingesetzt. Außerdem enthält er Phtalide, die den Blutdruck senken, indem sie die Muskeln um die Arterien entspannen, sodass die Gefäße sich weiten können. Kalzium, Magnesium und Kalium aus Sellerie regulieren ebenfalls den Blutdruck. Auch Petersilie ist reich an Kalzium und Kalium und enthält viel Eisen, Phosphor und Natrium. Schon 2 Esslöffel Petersilie liefern insgesamt 153 Prozent der empfohlenen Tagesdosis Vitamin K. Zusammen mit Eiweiß stärkt dieses Vitamin die Knochen und verhindert Kalziumablagerungen im Gewebe, die zum Beispiel zu Arteriosklerose, Schlaganfällen und Herz-Kreislauf-Erkrankungen führen. Auch Rosmarin wird seit Jahrhunderten von Kräuterkundigen als harntreibendes Mittel eingesetzt. Er wirkt zudem entzündungshemmend und hilft gegen Bauchschmerzen.

Ingwer-Tröster

Dieser appetitliche, duftende Saft mit der warmen Schärfe von Ingwer baut Sie auf, wenn einmal alles schiefläuft.

Für 1 Person

- 2 Birnen, halbiert
- 4 Orangen, Saft ausgepresst
- 4 Würfel kandierter Ingwer (Ingwerpflaume)

Zubereitung

Die Birnen entsaften. Den Saft in einen Mixer gießen und mit Orangensaft und Ingwer zu einer glatten Mischung verarbeiten. In ein Glas gießen und servieren.

Gesunde Birnen

Frischer Birnensaft mildert mit seinem hohen Gehalt an natürlichem Fruchtzucker die Säure von Zitrussäften. Birnen enthalten viel Wasser und ihr Pektin wirkt cholesterinsenkend, harntreibend und leicht abführend. Darüber hinaus enthalten sie Flavanoide. Naturtrüber Birnensaft enthält 40 Prozent mehr Phenole und sekundäre Pflanzenstoffe als gefilterter Saft.

1PT

Bauchwohl-Saft

Ananassaft ist gut für die Verdauung und beruhigt gereizte Mägen. Das heilende Enzym Bromelain wirkt auch gegen Prellungen und kann den Heilungsprozess nach einer Verletzung unterstützen. Nebenbei enthält Ananas auch viel Vitamin C, das bei der Infektionsbekämpfung hilft.

Für 1 Person

* ½ süße Ananas, geschält und in dicke Scheiben geschnitten, plus 1 Blatt zum Garnieren
* 1 Zitrone, komplette Schale und etwas weiße Haut entfernt, halbiert
* 2-cm-Stück frischer Ingwer

Zubereitung

Ananas, Zitrone und Ingwer entsaften. Den Saft in ein Glas gießen, ein Ananasblatt als Rührstab hineinstellen und servieren. Das Blatt sollte vor dem Trinken herausgenommen werden.

Grüne Göttin

Diese kühlende, reinigende Erfrischung unterstützt Leber und Nieren, senkt den Cholesterinspiegel und hilft bei Anspannung und Schlaflosigkeit. Der hohe Gehalt an Eisen und Chlorophyll ist gut für die Augen und hält die Blutgefäße gesund.

Für 1 Person

- ½ Galiamelone, in dicke Scheiben geschnitten und geschält
- 85 g junger Spinat
- 2 große Stängel frische glatte Petersilie
- 3 große Stängel frische Minze
- 1 kleine Handvoll Eis (nach Belieben)

Zubereitung

Erst die Melone, dann Spinat, Petersilie und 2 Stängel Minze entsaften. Ein Glas zur Hälfte mit Eis füllen, falls verwendet, mit Saft auffüllen und dann mit dem restlichen Minzestängel garnieren und sofort servieren.

Purpurrote Vitalität

Bei guter Gesundheit bleibt der Körper nur, wenn jede Zelle ausreichend Nährstoffe erhält. Das Blut nimmt lebenswichtige Substanzen auf und transportiert sie durch den Körper. Dieser belebende Betesaft bringt eine gute Portion Vitamine und Mineralstoffe ins Blut!

Für 1 Person

- 1 Rote Bete, halbiert
- 125 g Cranberries
- 1-cm-Stück frischer Ingwer
- 2 Äpfel, halbiert
- 1 kleine Handvoll Eis (nach Belieben)
- kaltes Wasser, nach Geschmack

Zubereitung

Erst die Rote Bete, dann Cranberries und Ingwer, anschließend die Äpfel entsaften. Ein Glas zur Hälfte mit Eis füllen, falls verwendet, nach Geschmack mit etwas Wasser auffüllen und sofort servieren.

Gesunde Blätter

Wenn die Rote Bete frische, knackige Blätter hat, dann können Sie diese ebenfalls mit in den Mixer geben.

Superfood: Rote Bete

Rote Bete steckt voller Mineralstoffe, Vitamine, Kohlenhydrate, Eiweiß, Ballaststoffe und Antioxidantien. Das rote Pigment Betanin soll in Kombination mit Carotinoiden und Flavonoiden bei regelmäßigem Verzehr die Oxidierung von LDL-Cholesterin verringern, was die Arterienwände schützt und das Risiko für Herzerkrankungen und Schlaganfälle senkt. Jüngere Studien haben gezeigt, dass der regelmäßige Verzehr von Rote-Bete-Saft hohen Blutdruck senkt. Rote Bete ist außerdem reich an Kalium und Folsäure und enthält Eisen – eine gute Nachricht für alle, die an Blutarmut oder Erschöpfung leiden. Vom hohen Gehalt an Nitriten profitieren Sportler besonders, und er verzögert sogar das Fortschreiten von Demenzerkrankungen.

Frühjahrsputz

Dieser dunkelgrüne Saft schmeckt überraschend leicht und frisch. Weizengras wird schon lange heilende Eigenschaften zugeschrieben.

Für 1 Person

* 120 g Brokkoli, in große Röschen zerteilt
* 2 Äpfel, halbiert
* 1 Zucchini, halbiert
* 1 TL Weizengraspulver
* 1 kleine Handvoll Eis

Zubereitung

Erst den Brokkoli, dann Äpfel und Zucchini entsaften. Das Weizengraspulver mit dem Schneebesen einrühren, bis die Mischung glatt ist. Ein Glas zur Hälfte mit Eis füllen, mit Saft aufgießen und sofort servieren.

Wunderbares Weizengras

Die Mediziner sind geteilter Ansicht über die gesundheitlichen Vorzüge von Weizengras. Es ist reich an Chlorophyll und Eiweiß und enthält die Vitamine A, C, E, K und B12 sowie eine Reihe von Mineralstoffen, aber mehr ist nicht nachgewiesen. Einige Homöopathen glauben, dass es die Nebenwirkungen einer Chemotherapie lindern kann. Es ist in Bioläden und Reformhäusern erhältlich.

Innere Balance

Auf den ersten Blick sieht dieses Getränk aus wie ein Milchkaffe, aber es enthält weder Milchprodukte noch Koffein. Dank der Backpflaumen wirkt es positiv auf das Verdauungssystem.

Für 1 Person

- 1 EL Leinsamen
- 85 g Backpflaumen ohne Stein
- 1 kleine Banane, geschält und grob gehackt
- 1 EL Weizenkeime
- 2 große Orangen, Saft ausgepresst
- 125 ml Vanille-Sojajoghurt
- 225 ml kaltes Wasser

Zubereitung

Die Leinsamen im Mixer fein mahlen. Backpflaumen, Banane und Weizenkeime zufügen und pürieren. Orangensaft und die Hälfte des Joghurts zufügen und alles zu einer glatten Mischung verarbeiten. Das Wasser zugießen und untermixen. In ein Glas gießen, den restlichen Joghurt dazugeben und mit dem Teelöffel kurz einrühren, dann servieren.

Natürliches Abführmittel

Backpflaumen gehören zu den wirksamsten Abführmitteln. Sie enthalten viel Kalium, das für die gesunde Funktionsweise von Zellen, Nerven und Muskeln wichtig ist und bei der Regulierung des Blutdrucks eine Rolle spielt. Die natürlichen Joghurtkulturen in diesem Getränk unterstützen den Körper dabei, die Darmflora wieder ins Gleichgewicht zu bringen.

Frühjahrsputz
Seite 144
Innere Balance
Seite 145

Mineralstoff-Bombe

Spinat, Rote Beten, Orangen und Karotten sorgen hier für eine Riesenportion Beta-carotin und Vitamin C.

Für 1 Person

* 2 Rote Beten, halbiert
* 50 g junger Spinat
* 2 Karotten, halbiert
* 2 Orangen, komplette Schale und etwas weiße Haut entfernt, halbiert
* 1 EL Sesamsaat, fein gemahlen
* 1 kleine Handvoll Eis
* gehühltes Mineralwasser, nach Geschmack

Zubereitung

Erst Rote Beten, Spinat und Karotten, dann die Orangen entsaften. Die Sesamsaat unter-rühren. Ein Glas zur Hälfte mit Eis füllen, den Saft dazugießen, mit Sprudelwasser nach Geschmack auffüllen und sofort servieren.

Scharfer Muntermacher

Dieser feurige Saft holt Sie auf jeden Fall aus dem Vormittagstief.

Für 1 Person

- 2 Karotten, halbiert, plus Karotten-Julienne zum Garnieren
- 2 Tomaten, halbiert
- 1 großer roter Chili, halbiert
- 2 TL Zitronensaft
- frisch gemahlener schwarzer Pfeffer

Zubereitung

Erst die Karotten und dann Tomaten und Chili entsaften. Zitronensaft und schwarzen Pfeffer einrühren. In ein Glas gießen, mit den Karotten-Julienne garnieren und sofort servieren.

Lieblingsgemüse: Tomate

Tomaten sind reich an dem Carotinoid-pigment Lycopin, das für die rote Farbe sorgt und möglicherweise einige Krebsarten verhindern kann. Außerdem sind sie eine gute Kaliumquelle und enthalten kleine Mengen Vitamin C und E. Da Tomaten zu 90 Prozent aus Wasser bestehen, sind sie gut für den Flüssigkeitshaushalt.

Kalorien sparen

Je öfter Sie Saft herstellen, desto weniger verlockend werden die kleinen ungesunden Snacks zwischendurch. Schon 100 oder 200 Kalorien weniger am Tag können sich im Laufe eines Jahres auf Ihr Gewicht auswirken.

Rote Versuchung

Dieser Saft steckt voller Antioxidantien, die gegen Krankheiten und den Alterungsprozess wirken. Die Energie, die in seiner natürlichen Süße steckt, bringt Sie gut durch den Tag.

Für 1 Person

* 2 Fenchelknollen mit Blättern, halbiert
* 1 Apfel, halbiert
* 1 kleiner roter Chili, halbiert
* 1 Karotte, halbiert

Zubereitung

Einige Blätter vom Fenchel zupfen und zunächst beiseitelegen. Erst den Apfel, dann Fenchel und Chili, anschließend die Karotte entsaften. Den Saft in ein Glas gießen, mit den Fenchelblättern garnieren und servieren.

Winterwundersaft

Weisen Sie den Winter mit diesem nährstoffreichen Saft in die Schranken und füllen Sie Ihre Vitamin-, Mineralstoff- und Energiespeicher!

Für 1 Person

- 1 Pastinake, halbiert
- 2 Karotten, halbiert, plus 2 Karottensticks, zum Garnieren
- 1 Knoblauchzehe
- 2 Äpfel, halbiert
- 2 EL zarte Haferflocken
- 1 EL Weizenkeime
- 2 TL flüssiger Honig
- 1 kleine Handvoll Eis (nach Belieben)

Weizenkeime, aber richtig!

Weizenkeimflocken quellen in Flüssigkeit auf. Wenn Sie also den Saft oder Smoothie nicht sofort nach der Zubereitung servieren, müssen Sie einen Schuss kaltes Wasser zugeben, damit der Trunk wieder die richtige Konsistenz bekommt.

Zubereitung

Erst Pastinake, Karotten und Knoblauch und dann die Äpfel entsaften. Haferflocken und Weizenkeime im Mixer fein mahlen. Anschließend Honig und Pastinakensaft zufügen und alles zu einer glatten Mischung verarbeiten. Ein Glas zur Hälfte mit Eis füllen, falls verwendet. Den Saft dazugießen, die Karottensticks hineinstellen und sofort servieren.

Pastinaken kaufen

Kaufen Sie Pastinaken am besten einige Wochen nach dem ersten Frost, da ein Großteil der Stärke durch Frost in Zucker umgewandelt wird und sie milder schmecken.

Entgiften

Rote-Bete-Kur

Dieser durststillende, nährstoffreiche Saft strotzt vor Vitaminen und Mineralien. Die Römer hielten Rote Bete für ein Aphrodisiakum – wer weiß also, was passiert, nachdem Sie entgiftet und voller Energie sind?

Für 1 Person

* 1 Rote Bete, halbiert
* ½ Limette
* 50 g roter Mangold
* 675 g Wassermelone, in dicke Scheiben geschnitten und geschält
* 1 kleine Handvoll Eis (nach Belieben)

Zubereitung

Erst Rote Bete und Limette, dann Mangold und Wassermelone entsaften. Ein Glas zur Hälfte mit Eis füllen, falls verwendet, mit Saft aufgießen und sofort servieren.

Gesundheitstipps

Rote Bete enthält praktisch alle Vitamine und Mineralstoffe, um den Körper in Schwung zu bringen. Der hohe Wassergehalt der Melone füllt die Flüssigkeitsdepots wieder auf und strafft die Haut.

Reinigender Zitrussaft

Zitrusfrüchte stimulieren das Verdauungssystem. In der traditionellen Volksmedizin schrieb man ihnen auch eine reinigende Wirkung zu, die Leber und Gallenblase anregen.

Für 1 Person

- 1 rosa oder rote Grapefruit, komplette Schale und etwas weiße Haut entfernt, halbiert
- 1 Orange, komplette Schale und etwas weiße Haut entfernt, halbiert
- 1 Limette, von einer Hälfte komplette Schale und etwas weiße Haut entfernt
- 1 große Birne, halbiert
- 1 Handvoll Eis (nach Belieben)

Zubereitung

Erst Grapefruit, Orange und Limette, dann die Birne entsaften. Ein Glas zur Hälfte mit Eis füllen, falls verwendet, mit Saft aufgießen und sofort servieren.

Nährstoffreiche Grapefruit

Grapefruit ist eine gute Vitamin-C-Quelle und enthält viele Flavonoide, also natürliche Verbindungen, die frühe Schädigungen an DNA und Zellmembranen verhindern.

Birnen sorgen für Süße

Grapefruit- und Limettensaft können etwas zu sauer sein, selbst mit Orangensaft. Frischer Birnensaft nimmt mit seinem hohen Fruchtzuckergehalt dem Zitrussaft die Säure. Die wasserreiche Birne führt dem Körper auch viel Flüssigkeit zu. Ihr Pektin senkt den Cholesterinspiegel wirkt harntreibend und leicht abführend.

Birnen entsaften

Birnen oxidieren bald nach dem Entsaften und verlieren ihr Aroma, also servieren Sie diesen Saft gleich nach der Herstellung.

Power-Salat

Diese Erfrischung erinnert an ein leckeres Gazpacho – ein leichtes Mittagessen, das Sie mit Ingwer und Zwiebeln entgiftet. Genießen Sie diesen Saft auf einer Bank, draußen in der Sonne, und Sie werden sich fühlen, als wären Sie auf Kurzurlaub am Mittelmeer.

Für 1 Person

* ½ Romanasalat
* 2 Tomaten
* 2 cm langes Stück frischer Ingwer
* 1 Frühlingszwiebel
* 1 Selleriestange, halbiert
* 1 Karotte, halbiert
* ¼ Gurke, plus eine Scheibe zum Garnieren (nach Belieben)
* 1 Handvoll Eis (nach Belieben)

Zubereitung

Erst Salat und Tomaten, dann Ingwer, Zwiebel, Sellerie, Karotte und Gurke entsaften. Ein Glas zur Hälfte mit Eis füllen, falls verwendet, mit Saft aufgießen, mit der Gurkenscheibe garnieren und sofort servieren.

Gesunder Salat

Salat enthält die latexähnliche Verbindung Lactuarium, die die Nerven beruhigen und gegen Schlaflosigkeit helfen soll. Salat besteht zu 90 Prozent aus Wasser. Die äußeren Blätter enthalten am meisten Betacarotin, Vitamin C, Folsäure und Eisen.

Zwiebel-Fakten

Zwiebeln, Lauch und Knoblauch sind reich an Nährstoffen, die den Körper reinigen sollen. Am wirkungsvollsten sind sie roh, aber verwenden Sie sie wegen des kräftigen Geschmacks nur in kleinen Mengen.

Welcher Salat?

Wenn Sie keinen Romanasalat bekommen, können Sie auch einen Eisbergsalat oder zwei Salatherzen verwenden.

Grüner Schnellstarter

Wenn Sie Spinat- oder Brunnenkressesuppe mögen, werden Sie diesen Saft lieben. Die grünen Blätter liefern nicht viel Saft, aber er enthält Antioxidantien, Mineralstoffe und Vitamine in hoher Konzentration. Zusammen mit durststillenden Zucchini und Äpfeln bringen sie den Entgiftungsprozess so richtig in Schwung.

Für 1 Person

- 50 g junger Spinat
- 30 g Brunnenkresse
- 1 Zucchini, halbiert
- 2 Äpfel, halbiert
- 1 TL Weizengraspulver (nach Belieben)
- 1 kleine Handvoll Eis (nach Belieben)

Zubereitung

Erst Spinat und Brunnenkresse, dann Zucchini und Äpfel entsaften. Weizengraspulver einrühren, falls verwendet. Ein Glas zur Hälfte mit Eis füllen, mit Saft aufgießen und sofort servieren.

Gute Angewohnheit

Eine Entgiftungskur hilft, die eigenen Ernährungsgewohnheiten einmal zu überdenken. Die meisten essen nicht genug grünes Gemüse, und dieser leckere Saft tut etwas dagegen.

Brokkoli-Petersilie-Energiedrink

Dieser zarte, belebende grüne Saft wirkt sanft beruhigend, erfrischt durch seine Süße und ist eine ideale Alternative zum koffeinhaltigen Nachmittagstee oder -kaffee.

Für 1 Person

- 125 g Brokkoli, in große Röschen geteilt
- 1 kleine Handvoll frische glatte Petersilie
- ½ Fenchelknolle
- 2 Äpfel, halbiert
- kaltes Wasser nach Geschmack
- 1 kleine Handvoll Eis (nach Belieben)

Zubereitung

Erst Brokkoli und Petersilie, dann Fenchel und Äpfel entsaften. Nach Geschmack mit Wasser auffüllen. Ein Glas zur Hälfte mit Eis füllen, falls verwendet, den Saft hineingießen und sofort servieren.

Famoser Fenchel

Fenchel wirkt harntreibend, beruhigt den Magen und liefert gleichzeitig Betacarotin und Folsäure. Petersilie wirkt ebenfalls harntreibend, und Kräuterkundige sind sich schon lange sicher, dass sie Entzündungen in Nieren und Blase entgegenwirkt.

Papaya-Aprikosen-Saft

Papaya und Aprikosen verbinden sich hier zu einer wunderbar seidigen Konsistenz, die bei Halsschmerzen wohltuend beruhigt. Viel Vitamin C hilft bei der Bekämpfung von Erkältung und Grippe.

Für 1 Person

- ½ Papaya, geschält, entkernt und grob gehackt
- 4 Aprikosen, halbiert und entsteint
- 2 Orangen, Saft ausgepresst
- 1 Limette, Saft ausgepresst
- 1 kleine Handvoll zerstoßenes Eis (nach Belieben)
- 4 EL kaltes Wasser

Zubereitung

Papaya und Aprikosen mit Orangen- und Limettensaft im Mixer glatt pürieren. Zerstoßenes Eis zufügen, falls verwendet, und untermixen. In ein Glas gießen und sofort servieren.

Am besten morgens

Leidenschaftliche Vertreter von Entgiftungskuren empfehlen, morgens Fruchtsäfte zu trinken, weil sie stärker entgiften als Gemüsesäfte. Fruchtsäfte wirken in der Tat leicht abführend, und da Papaya und Aprikosen hier nicht entsaftet, sondern püriert werden, enthält der Saft auch lösliche Ballaststoffe, die die Verdauung in Schwung bringen und Cholesterin austreiben.

Brokkoli-Petersilie-Energiedrink
Seite 164
Papaya-Aprikosen-Saft
Seite 165

Rote Wunderkur

Sie werden staunen, was Rotkohl für einen leuchtend violetten Saft liefert. Er sieht zwar aus wie ein Hexengebräu, schmeckt aber hervorragend: leicht und aromatisch, mit einem Hauch von Kardamom, der die Verdauung beruhigt, und der zarten Süße roter Trauben.

Für 1 Person

* 150 g rote Trauben
* ½ Fenchelknolle
* ¼ Rotkohl, grob gehackt
* 3 Kardamomkapseln
* kaltes Wasser, nach Geschmack
* 1 Handvoll Eis (nach Belieben)

Zubereitung

Trauben, Fenchel und Rotkohl in dieser Reihenfolge entsaften. Den Kardamom im Mörser aufbrechen und die Kapseln wegwerfen, die schwarzen Samen fein zerstoßen und in den Saft rühren. Nach Geschmack mit Wasser aufgießen. Ein Glas zur Hälfte mit Eis füllen, falls verwendet, den Saft eingießen und sofort servieren.

Apfel-Zaubertrank

Mit seinem cremigen, zarten Aroma und dem reinigenden Ingwer ist dieser Saft genau das Richtige nach einem üppigen Feiertagsessen.

Für 1 Person

* 1 Pastinake, halbiert
* 5-mm-Stück frischer Ingwer
* 2 Äpfel, halbiert
* 125 ml kaltes Wasser
* 1 kleine Handvoll Eis (nach Belieben)

Zubereitung

Erst Pastinake und Ingwer, dann die Äpfel entsaften. Mit Wasser aufgießen. Ein Glas zur Hälfte mit Eis füllen, falls verwendet, und den Saft zugießen. Sofort servieren.

Frisch!

Statt Entgiftungskuren in Form von Tabletten oder Fertiggetränken zu kaufen, entsaften Sie lieber frisches Obst und Gemüse. Achten Sie darauf, was Sie wann essen. Kleine Veränderungen machen einen großen Unterschied. Ersetzen Sie den kalorien- und fettreichen Milchkaffee oder die Cola durch einen kalorienarmen, vitamin- und mineralstoffreichen Saft.

Naturmedizin

Dieser Saft schmeckt wegen der natürlichen Süße von Pastinake und Karotten überraschend mild und tut Ihnen dabei noch gut!

Für 1 Person

- 2 Karotten, halbiert
- ½ kleine Zwiebel
- 1 Knoblauchzehe
- 1 Pastinake, halbiert
- 1 Orange, komplette Schale und etwas weiße Haut entfernt, halbiert
- 125 ml kaltes Wasser
- 1 Prise Kurkuma
- 1 Prise frisch gemahlener schwarzer Pfeffer
- 1 Handvoll Eis (nach Belieben)

Zubereitung

Von einer Karotte längs eine dünne Scheibe abschneiden und beiseitelegen. Erst restliche Karotten sowie Zwiebel, Knoblauch, Pastinake, und dann die Orange entsaften. Wasser, Kurkuma und Pfeffer unterrühren. Ein Glas zur Hälfte mit Eis füllen, falls verwendet, mit Saft aufgießen, mit der Karottenscheibe garnieren und servieren.

Heilkraft der Kurkuma

Kurkuma (Gelbwurz) ist mit Ingwer verwandt und wird in der chinesischen Medizin schon lange gegen Depressionen eingesetzt. Sie wirkt natürlich antiseptisch und antibakteriell. Am interessantesten sind jedoch die entzündungshemmenden Eigenschaften – Kurkuma hilft Arthritispatienten, lindert endzündliche Hauterkrankungen wie Schuppenflechte und wirkt vorbeugend gegen Alzheimer.

Superfood: Karotte

Studien haben gezeigt, dass eine Ernährung mit vielen Carotenoiden, den orangefarbenen Pigmenten der Karotte, das Risiko für Herzerkrankungen senkt. Die löslichen Ballaststoffe in der Karotte unterstützen zudem die Senkung des Cholesterinspiegels. Das reichlich enthaltene Betacarotin wird im Körper in Vitamin A umgewandelt, das die Augen gesund hält und ihre Fähigkeit erhält, sich wechselnden Lichtverhältnissen anzupassen. In der traditionellen Medizin waren Karotten für ihre entgiftenden Eigenschaften und ihre Wirkung gegen Akne bekannt. Wer Falten bekämpfen will, sollte wissen, dass Vitamin A die Haut nährt und die Zeichen der Hautalterung bekämpft. Aber Vorsicht: Zu viele Karotten lassen die Haut leicht orange erscheinen.

Trauben-Nährstoffbombe

Mit natursüßen Trauben lässt sich der Geschmack nährstoffreicher Gemüsesorten wie Kohl in einem Saft wunderbar verstecken. Auch die fein gemahlenen Kürbiskerne wird niemand bemerken.

Für 1 Person

* 2 Birnen, halbiert
* ¼ kleiner Wirsing, grob gehackt
* 1 EL Kürbiskerne
* 150 g grüne kernlose Trauben
* 1 kleine Handvoll zerstoßenes Eis (nach Belieben)

Zubereitung

Birnen und Kohl entsaften. Die Kürbiskerne im Mixer fein mahlen, dann Trauben und zerstoßenes Eis zufügen, falls verwendet, und alles pürieren. Den Birnensaft dazugießen und untermixen. In ein Glas gießen und sofort servieren.

Nahrhafter Kohl

Vielleicht haben Sie schon einmal von der Sieben-Tage-Kohl-Diät zum Entgiften und Abnehmen gehört, aber wussten Sie, dass Wirsing, der zur selben Familie wie Grünkohl, Rosenkohl und Brokkoli gehört, in der Kräutermedizin schon lange eingesetzt wird? Er steckt voller sekundärer Pflanzenstoffe und Antioxidantien, die vor Krebs schützen sollen. Daneben enthält Wirsing eine Vielzahl von Vitaminen und Mineralstoffen, ganz zu schweigen von Betacarotin und der Aminosäure Glutamin, die entzündungshemmend wirkt. Wirsing kann sogar das schlechte Cholesterin im Blut reduzieren.

Keine Kürbiskerne?

Keine Kürbiskerne im Haus? Dann geben Sie etwas Sesamsaat oder Sonnenblumenkerne oder eine kleine Handvoll fein gemahlene Mandeln dazu.

Register